Geranium dalmaticum

Penstemon newberryi

Michael Upward

Steingartenpflanzen von A bis Z

Haltung – Pflege – Vermehrung
150 Arten in Farbe

Kosmos
Gesellschaft der Naturfreunde
Franckh'sche Verlagshandlung
Stuttgart

Zu diesem Buch

Verfasser: Michael Upward
Herausgeber: Geoffrey Rogers
Designer: Roger Hyde
Fotos: Bild Seite 6 und 9 Michael Upward, alle anderen Aufnahmen Eric Crichton
Zeichnungen: Maureen Holt
© Salamander Books Ltd.

CIP-Kurztitelaufnahme der Deutschen Bibliothek

Upward, Michael:
Steingartenpflanzen von A bis Z :
Haltung – Pflege – Vermehrung ; 150 Arten in Farbe /
Michael Upward. [Hrsg.: Geoffrey Rogers. Aus d.
Engl. übers. von Helmut Demuth. 121 Farbfotos
von Eric Crichton u. Michael Upward. 158 Zeichn.
von Maureen Holt]. – Stuttgart : Franckh, 1984.
(Kosmos-Florarium in Farbe)
Einheitssacht.: An illustrated guide to
alpines <dt.>
ISBN 3-440-05289-3

Aus dem Englischen übersetzt von Dr. Helmut Demuth
Titel der Originalausgabe »An Illustrated Guide to Alpines«. Ein Salamander-Buch; die englischsprachige Ausgabe ist zuerst bei Salamander Books Ltd., Salamander House, 27 Old Gloucester Street, London, Großbritannien unter ISBN 0 86101 170 8 erschienen.

© 1983, Salamander Books Ltd., London

121 Farbfotos von Eric Crichton (119) und Michael Upward (2)
158 Zeichnungen von Maureen Holt

Umschlaggestaltung Edgar Dambacher unter Verwendung einer Aufnahme vom Burda Verlag, Offenburg (Redaktion »Mein schöner Garten«)

Franckh'sche Verlagshandlung,
W. Keller & Co., Stuttgart / 1984
Alle Rechte an der deutschsprachigen Ausgabe, insbesondere das Recht der Vervielfältigung und Verbreitung, vorbehalten. Kein Teil des Werkes darf in irgendeiner Form (durch Fotokopie, Mikrofilm oder ein anderes Verfahren) ohne schriftliche Genehmigung des Verlages reproduziert oder unter Verwendung elektronischer Systeme verarbeitet, vervielfältigt oder verbreitet werden.
Für die deutschsprachige Ausgabe:
© 1984 Franckh'sche Verlagshandlung, W. Keller & Co., Stuttgart
Printed in Belgium / Imprimé en Belgique / LH 14 os /
ISBN 3-440-05289-3
Reproduktionen: Bantam Litho Ltd., Großbritannien
Satz: Fotosatz Stephan, Stuttgart
Herstellung: Henri Proost & Cie. pvba., Turnhout/Belgien

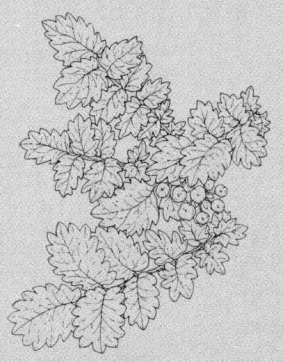

Acaena buchananii

A bis Z

Waldsteinia fragarioides

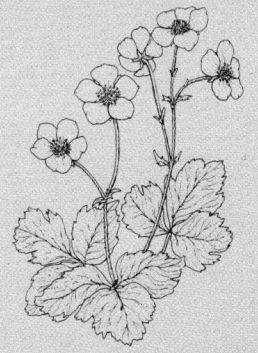

A	17 – 28
C	28 – 49
D	50 – 52
E	53 – 57
F	57 – 58
G	58 – 63
H	64 – 84
I	85 – 87
J	88
L	88 – 93
M	94
N	94 – 95
O	95 – 113
P	113 – 121
R	122 – 125
S	125 – 150
T	151 – 155
U	156
V	156 – 158
W	158

Einleitung

Eine begrenzte Anzahl von Steingartenpflanzen aus mehreren tausend möglichen auszusuchen, ist eine recht unbefriedigende Aufgabe.
In diesem Buch sind nur solche Arten aufgeführt und beschrieben, die relativ leicht im Handel zu bekommen sind und die in unserem Klima auch die Wintermonate unbeschadet überstehen können (ein oder zwei Grenzfälle ausgenommen). Bei einigen Gattungen konnten wir aus der Vielzahl der für den Steingarten geeigneten Arten nur eine oder zwei repräsentative auswählen, hier müßte sich der Leser dann nach Spezialliteratur umsehen. Zwergsträucher, von denen sich etliche als Hintergrundbepflanzung für Steingärten eignen, sind ebenfalls nur knapp behandelt worden, ebenso die Zwiebel- und Knollenpflanzen.
Die beschriebenen Arten sind in der alphabetischen Reihenfolge ihrer wissenschaftlichen Namen angeordnet und fast alle in Farbe abgebildet. Die für die gärtnerische Arbeit wichtigen Daten sind besonders hervorgehoben:
– Standort (sonnig – halbschattig – schattig)
– Bodenansprüche (trocken, feucht, kalkhaltig, humos, gut durchlässig etc.)
– Blühzeit
Bei der Beschreibung der einzelnen Arten wurde auf die Angabe der Heimat und der Wuchshöhe besonderen Wert gelegt, da letztere bei der Gestaltung eines Steingartens eine nicht unbedeutende Rolle spielt.

Links: Ein typisches Beispiel, wie Pflanzen unwirtliches Gelände im Gebirge besiedeln. Hier wurzelt *Geum reptans*, verwandt mit *G. montanum*, in scheinbar erdfreier Umgebung; tatsächlich enthält der Trümmerschutt ausreichend Nährstoffe.

Rechts: Steingarten mit Zwergsträuchern als Hintergrund, geschickt verteilten Felsbrocken, Farnen und großflächigen Blaukissen. Diese häufige, oft verachtete Pflanze ist im Frühjahr als Farbspender unschätzbar.

Einleitung

Oben: Längsschnitt durch die rechte Steingartenanlage. Drainagematerial und Erde wurden so aufgefüllt, daß ein sanfter Hang entstand. Zwischen größeren und kleineren Gesteinsblöcken finden verschieden hohe Pflanzen Platz.

Rechts: Sanft ansteigende Steingartenanlage (siehe gezeichneten Längsschnitt oben) mit verschiedenen Polsterstauden, Koniferen und bodendeckenden Steingartenpflanzen.

Die Anlage eines Steingartens

Die meisten Pflanzen für den Steingarten stammen aus den Hochgebirgen, wo sie in Felsspalten, auf Geröll- und Schutthalden wachsen und oft in verschwenderischer Fülle blühen. Bei der Anlage eines Steingartens sollte daher die Natur unser Lehrmeister sein.
Steingärten kann man fast überall, in jeder Lage und auf jedem Boden errichten – ideal sind natürlich Hanglagen, Standorte über Natursteinmauern, trockene, sonnige Plätze mit gut durchlässigem Boden oder geschützte, halbschattige Stellen.
Man sollte den Steingarten so anlegen, daß er auch ohne Bepflanzung schon ansprechend wirkt und sich wohltuend in die Umgebung eingliedert. Hierzu einige Ratschläge:
Verwenden Sie einheitliches Gesteinsmaterial, das zur Umgebung und zur Gegend paßt. Granitblöcke in einem ausgesprochenen Sandsteingebiet wirken oft gekünstelt und deplaziert.
Wenige größere Gesteinsblöcke wirken oft besser als eine Ansammlung vieler kleiner.
Gestein so auf dem Boden verteilen, daß es aussieht, als wachse es aus dem Boden.
Auf ebenen Flächen keine künstlichen Hügel anlegen, sondern durch Erdaushub, Gräben etc. Aufteilung und Höhenunterschiede erreichen.

Einleitung

Größere Flächen möglichst reich gliedern, um möglichst viele verschiedene Pflanzen mit verschiedenen Bedürfnissen unterbringen zu können.
Auch bei der Bepflanzung gilt: Weniger ist oft mehr!
Bevor der Steingarten mit Steinen belegt und bepflanzt wird, muß der Untergrund sorgfältig vorbereitet werden. Als Boden eignet sich jeder neutrale Gartenboden, den man an bestimmten Stellen entweder mit Humus oder mit Kalk anreichern kann – je nach Bedarf der anzusiedelnden Pflanzen.
Um einen gut durchlässigen Boden und eine bessere Drainage zu erhalten, arbeitet man am besten groben Flußsand ein. Nie frisch gedüngte Erde für den Steingarten verwenden.
Idealerweise sollte man mit der Anlage eines Steingartens im Herbst beginnen, damit sich das Erdreich und die Gesteinsbrocken den Winter über noch setzen können. Im Frühjahr kann dann unbesorgt gepflanzt werden.
Vor der Bepflanzung müssen jedoch – und das kann nicht genug hervorgehoben werden – alle ausdauernden Unkräuter sorgfältig beseitigt werden!
Bei der Auswahl der Steingartenpflanzen sollte man darauf achten, daß möglichst das ganze Jahr hindurch immer einige Pflanzen blühen. Viele Steingärten bringen im Frühjahr eine Unmenge leuchtender, farbenfroher Blüten hervor und zeigen das übrige Jahr wenig oder gar keine Farbe. Wir sollten auch darauf achten, daß wir die

Einleitung

Pflanzen ihrer Wuchshöhe gemäß einplanen, so daß niedrige Stauden, die volle Sonne benötigen, nicht auf einmal durch höher wüchsige Formen beschattet und am Wachstum behindert werden. Nützt man die verschiedenen Wuchshöhen geschickt aus, so erzielt man die unterschiedlichsten Licht- und Schattenwirkungen, die man wiederum für die Anpflanzung anderer Arten ausnützen kann.

Ein Steingarten ist jedoch nicht nur sonnig, warm und trocken, man kann auch schattige, kühle und feuchte Plätze schaffen, eventuell sogar einen kleinen Teich anlegen. Wer nicht genügend Platz für die Anlage eines größeren Steingartens besitzt, trotzdem aber nicht auf die reich- und schönblühenden Steingartenpflanzen verzichten will, der kann sich in entsprechenden Gefäßen (Futtertröge, Natursteinbecken, Eternitschalen, Keramikgefäße, alten Blechwannen, Holzkästen, Waschbetonschalen etc.), zwischen U-Steinen und an Trockenmauern Zwergsteingärten anlegen. Bei der Anlage eines solchen Zwergsteingartens spielt eine gute Drainage die allerwichtigste Rolle, da fast alle Steingartenpflanzen sehr empfindlich auf stehendes Wasser reagieren. Aus diesem Grund werden die Behälter für Zwergsteingärten etwa zu einem Drittel mit einem Drainagematerial gefüllt. Hierfür eignen sich grober Flußsand, Schotter, Basaltsplitt, feiner Kies, Perlit oder Blähton. Die Abzugslöcher der Gefäße müssen mit einem Stück feinmaschigen Draht- oder Plastikgeflechtes vor dem Verstopfen geschützt werden. Damit die Drainageschicht nicht von der darüberliegenden Erdschicht durchsetzt werden kann, legt man zwischen die beiden Schichten ein Stück Vliesmatte oder eine dünne Schicht Torfmoos. Wenn sich die Erde gesetzt hat, können wir die Steine auflegen und das Gefäß bepflanzen. Auch hier gilt wieder: Nicht zu viele verschiedene Arten einsetzen, sonst wirkt die einzelne Pflanze nicht mehr.

Die Vermehrung von Steingartenpflanzen

Fast alle Steingartenpflanzen können entweder durch Aussaat, Teilung oder Stecklinge vermehrt werden.
Die natürlichste und bei vielen Arten einfachste Art der Vermehrung ist die Aussaat. Die meisten Steingartenpflanzen werden im Frühjahr entweder schon direkt ins

Einleitung

Freie oder in entsprechende Töpfe, Schalen oder Kistchen ausgesät. Man sollte möglichst dünn aussäen, da zu dicht stehende Keimlinge sich leicht behindern und welken. Das Substrat sollte stets gut feucht, jedoch nicht naß gehalten werden. Als Substrat eignet sich lockere Rasenerde mit einem Zusatz von Sand und Torf. Sobald die Sämlinge etwas größer geworden sind, muß man sie in größere Gefäße pikieren, bei guter Witterung kann man sie aber auch gleich ins Freie setzen. Stecklinge läßt man am besten in einem Vermehrungkasten bewurzeln, in dem sie vor Kälte und Feuchtigkeit und vor Insektenfraß geschützt sind. Ein Sandkasten enthält nur scharfen Sand, der feucht gehalten wird und in den die Stecklinge eingesteckt werden. Dieser Kasten kann entweder im Freien, im Gewächshaus oder in einem nicht zu kalten und hellen Kellerraum aufgestellt werden – je nach Temperaturanspruch der darin gehaltenen Stecklinge. Manche Pflanzen ziehen ein kühleres und feuchteres Substrat vor. In diesem Fall empfiehlt sich ein Torfkasten mit einem kleinen Zusatz von Sand, damit der Torf durchlässig bleibt.
Als Schutz vor Kälte oder zu großer Feuchtigkeit dient ein Rahmen mit Fensterglas. Im Idealfall sollten zwischen Glas und Stecklingen nicht mehr als 15 cm Abstand sein. Wenn die Stecklinge festgewurzelt sind, sollte man den Haupttrieb stutzen, damit die Pflanze sich verzweigt und gedrungen bleibt.
Die Vermehrung durch Teilung ist ebenfalls eine leichte Angelegenheit. Die Teilung ist jederzeit von Frühjahr bis Herbst möglich, sollte aber am besten nach der Blüte erfolgen. Pflanzen, die wir im Herbst teilen, sollten jedoch so rechtzeitig geteilt werden, daß sie bis zu Wintereinbruch schon Wurzeln gefaßt haben. Nicht bewurzelte Teilstücke werden in der Regel über den Winter eingehen.

Oben: *Achillea tomentosa*, eine Zwerg-Schafgarbe, deren flache gelbe Trugdolden im Sommer einen leuchtenden Farbfleck bilden. Siehe Seite 17.

Links oben: *Acaena buchananii*, ein ausgezeichneter Bodendecker, dessen Blätter eine interessante Farbskala zeigen. Siehe Seite 17.

Links: *Aethionema* 'Warley Ruber' bietet im Sommer einen prächtigen Farbtupfer im Steingarten. Die Pflanze muß aber jedes Jahr durch Stecklinge erneuert werden. Siehe Seite 18.

Unten: *Allium narcissiflorum*, eines der vielen Zwergzwiebelgewächse für ein sonniges Fleckchen. Siehe Seite 19.

Oben: *Alyssum saxatile* 'Citrinum', eine blaß-zitronengelbe Sorte, ist nicht so wüchsig wie die Stammform, braucht aber dennoch viel Platz, um sich auszubreiten. Siehe Seite 19.

Unten: *Androsace primuloides* 'Chumbyi', eine der »leichtesten« Mannsschildarten aus dem Himalaya. Siehe Seite 21.

Oben: *Alyssum saxatile* 'Dudley Neville', eine kräftige Pflanze, die man am besten über eine Mauer hinunterwachsen läßt. Siehe Seite 20.

Oben: *Antennaria dioica* 'Rosea' eignet sich genauso als Polsterpflanze zwischen Steinplatten wie im Steingarten. Zum guten Gedeihen sind pralle Sonne und gut durchlässige Erde notwendig. Siehe Seite 22.

Unten: *Anemone blanda* 'Atrocaerulea' ist mit ihren dunkelblauen, im zeitigen Frühjahr erscheinenden Blüten eine der schönsten Anemonen-Sorten und einer der ersten Frühjahrsblüher. Siehe Seite 22.

Stachelnüßchen
Acaena buchananii
Rosengewächse (Rosaceae)

Sonnig–halbschattig
Beliebiger Boden
Mai–Juni

Heimat: Neuseeland
Dichte, rasenbildende Pflanze, die hauptsächlich ihres Laubes wegen als Bodendecker verwendet wird. Die kleinen Blätter sind weißlich-graugrün und 5- bis 6paarig gefiedert, die Einzelblättchen kerbzähnig. Die kleinen weißen Blütenköpfchen stehen aufrecht und sind recht unscheinbar in ihrer Zartheit. Ein größerer Blickfang sind dann die stacheligen, gelblichbraunen Samenköpfe mit den Klettenfrüchtchen.
Haltung: Diese Pflanze eignet sich für Steingärten und Grabbepflanzungen auf mageren Böden in sonniger, trockener Lage. Sie gedeiht gut zwischen Steinplatten und auch an einem halbschattigen Standort. Schlecht vertragen wird schwerer, nasser Boden und zuviel Feuchtigkeit. Vor Frost schützen.
Vermehrung: Einfach. Im Herbst oder Frühjahr durch Abnehmen von Ausläufern, die schon bewurzelt sind.
(Bild Seite 12)

Filzige Schafgarbe
Achillea tomentosa
Korbblütler (Compositae)

Sonnig
Kalkhaltiger Humusboden
Mai–Juli

Heimat: Alpen, Apennin, Pyrenäen, Balkan, Südrußland, Westsibirien
10–15 cm hoch werdende Staude. Die silbergrauen, weichbehaarten, farnartigen Blätter bilden niedrige Polster, über denen sich auf 15 cm hohen, unverzweigten Stengeln 4 cm große, flache, gelbe Doldentrauben erheben.
Haltung: Gedeiht am besten an sonnigen Standorten auf kalkhaltigem, nicht zu feuchtem, durchlässigem Boden. Eignet sich auch für Felsspalten und Mauerritzen.
Vermehrung: Durch Teilung im Frühjahr oder durch Stecklinge im Sandkasten von Mittsommer bis Herbst. Herbststecklinge müssen im Kasten überwintert werden.
Schädlinge: Im Frühjahr werden die Blätter gern von Schnecken gefressen!
(Bild Seite 13)

✼ **A**

 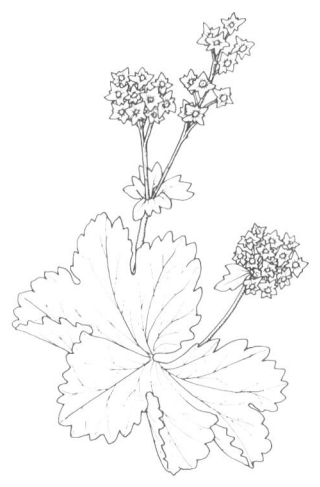

**Felsen-Steinkresse,
Steintäschel**
Aethionema × *warleyense*
Kreuzblütler (Cruciferae)

Sonnig
Gut durchlässiger, sandiger Boden
Juni–Juli

Heimat: Hochgebirge der Mittelmeerländer einschließlich Jura und Alpen
Buschige, 20–25 cm hohe Staude mit
blaugrünen, länglich-linealischen
Blättern und endständigen Trauben
kleiner, rötlich-violetter Blüten. Die
abgebildete, rosablühende Sorte
'Warley Ruber' wird ca. 15 cm hoch.
Haltung: Für Steingärten und trockene
Mauern an sonnigen, trockenen
Plätzen auf gut durchlässigem,
sandigem Boden. Vor Nässe schützen!
Vermehrung: Durch Stecklinge oder
Aussaat. Das Entfernen der Blütenstiele dient nicht nur dem ordentlichen
Aussehen, sondern auch der
Vermehrung, denn die sich dann
bildenden nichtblühenden, weichen
Triebe sind ideal als Stecklinge. Vom
Hochsommer an in einen Sandkasten
setzen und eintopfen, sobald sich
Wurzeln bilden. Die angewurzelten
Pflanzen stutzen und im Frühjahr
auspflanzen.
(Bild Seite 12)

Frauenmantel
Alchemilla vulgaris
Rosengewächse (Rosaceae)

Sonnig
Beliebiger Boden
Mai–September

Heimat: Europa, Asien, Nordamerika
Kräftige Halbrosettenstaude, die bis
50 cm hoch werden kann. Mit
behaarten, gelblichgrünen, halbkreisförmigen, gelappten Blättern, die am
Rand gezähnt sind. Blütenstand
endständig. Trugdolde. Blüten
gelblichgrün und kaum auffallend.
Diese Art blüht jedoch sehr reich.
Haltung: Verträgt die verschiedensten
Böden und Verhältnisse und gedeiht
fast überall. Für Steingartenbepflanzung am besten in magere Erde
pflanzen, damit sie klein bleibt und
nicht wuchert.
Vermehrung: Durch Aussaat oder
Teilen größerer Stauden im Frühjahr.

A ✽

Narzissenblütiger Lauch
Allium narcissiflorum
Liliengewächse (Liliaceae)

Sonnig
Gut entwässernder Boden
Mai–Juni

Heimat: Norditalien, Südfrankreich
Bis zu 30 cm hoch werdendes Zwiebelgewächs mit fleischigen, graugrünen, schmalen Blättern. Trägt im Hochsommer auf 15–35 cm langem Stiel eine Scheindolde aus violettrosa Blütenglöckchen.
Haltung: Wächst in der Natur gern auf Schotter, ein Zeichen, daß der Standort unbedingt gut entwässern muß. Verträgt sehr verschiedenartige, trockene Böden und gedeiht am besten in sonnigen Lagen.
Vermehrung: Einfach durch Aussaat oder Teilung. Im Herbst Samen ernten, im Spätwinter aussäen; dann gibt es im Spätfrühling Keimlinge, die im Herbst ins Freiland ausgepflanzt werden können.
(Bild Seite 13)

Felsensteinkraut
Alyssum saxatile 'Citrinum'
Kreuzblütler (Cruciferae)

Sonnig
Gut durchlässiger Boden
April–Mai

Heimat: Gebirge von Mitteleuropa bis Kleinasien
Polsterbildende, bis zu 30 cm hoch werdende Pflanze mit einer grundständigen Rosette lanzettlicher, graufilziger Blätter. Die Blütenstengel sind vielfach verzweigt und tragen dichte Trauben blaßzitronengelber Blüten. Die Sorte 'Compactum' ist niedriger und kompakter.
Haltung: *A. saxatile* ist sehr anspruchslos, bevorzugt aber einen sonnigen Platz (besonders oben auf einer Trockenmauer) und durchlässigen, kalkhaltigen Boden. Die Pflanze blüht besonders prächtig, wenn sie nach der Blüte kräftig zurückgeschnitten wird. Wirkt am besten, wenn sie ungehindert mit anderen kräftigen Felsenpflanzen (z. B. Glockenblumen und Nelken) zusammen eine anhaltende Blumenschau liefert.
Vermehrung: Durch Aussaat oder durch Stecklinge.
(Bild Seite 14)

✽ **A**

Felsensteinkraut
Alyssum saxatile 'Dudley Neville'
Kreuzblütler (Cruciferae)

Sonnig
Gut entwässernder, kalkhaltiger Boden
April–Mai

Heimat: Gebirge von Mitteleuropa bis Kleinasien
Zuchtform von *A. saxatile*, mit aparten beigegelben, gegenüber ihren leuchtenden Verwandten verhältnismäßig gedämpft wirkenden Blüten.
Haltung: Alle staudig wachsenden Steinkräuter wachsen am besten an einem trockenen, sonnigen Standort und eignen sich hervorragend zur Bepflanzung von Trockenmauern.
Vermehrung: Die Zuchtformen sind nicht garantiert sortenecht, man vermehrt sie daher nicht durch Samen, sondern durch Stecklinge, die im Mitt- bis Spätsommer abgenommen und in einen Sandkasten gesteckt werden. Im Herbst umtopfen und dabei den Haupttrieb abkneifen, um buschiges Wachstum zu erzielen.
(Bild Seite 15)

Atlas-Margerite
Anacyclus depressus
Korbblütler (Compositae)

Sonnig
Gut durchlässiger, leicht kalkhaltiger Boden
Mai–Juli

Heimat: Nordafrika (Atlasgebirge)
Rosettig wachsende, nicht sehr langlebige, 10–15 cm hohe Stauden. Eine einzige Pflanze kann ein Polster von 30 cm Durchmesser bilden. Die graugrünen, farnartigen Blätter liegen flach auf dem Boden. Die bis 5 cm großen Blütenkörbchen sitzen auf aufrechten Blütenstielen. Die Oberseite der Blüten ist reinweiß, die Unterseite rosarot, so daß geöffnete Blüten weiß sind, Knospen und geschlossene Blütenköpfe rosa.
Haltung: *A. depressus* verträgt keine Nässe; ideal ist ein Platz mit guter Entwässerung in praller Sonne. Im Winter vor allzu großer Kälte und Feuchtigkeit schützen!
Vermehrung: Relativ leicht durch Samen zu vermehren. Den frischen Samen sät man im Herbst bei 8–10° C in eine kieshaltige Mischung. Die jungen Pflänzchen werden im Mai ins Freie gepflanzt.

Lavendelheide, Rosmarinheide
Andromeda polifolia
Heidekrautgewächse
(Ericaceae)

Halbschattig
Laub- oder Torferde
Mai–Juli

Heimat: Moore der nördlichen Halbkugel
Sparriger, kriechender Strauch mit 10–35 cm langen Stämmchen. Länglich-lineale, ledrige Blättchen, die oberseits dunkelgrün, unterseits silbergrau sind. Die nur 5 cm großen Blütenglöckchen entspringen im Frühsommer in den Blattachseln an den Triebspitzen. Die Blütenstiele sind weißlich, die Blütenfarbe verblaßt von Rosa zu Weiß. Wegen des gedrungenen Wuchses verdient die aus Japan stammende Form 'Compacta' den Vorzug.
Haltung: Die Lavendelheide bevorzugt einen feuchten Platz im Torfgarten; nie an eine trockene Stelle pflanzen. Hält man den Boden stets feucht, so kann die Pflanze auch an einem sonnigen Standort stehen.
Vermehrung: Durch Stecklinge oder Teilung größerer Pflanzen. Vermehrung durch Stecklinge langwierig.

Himalaya-Mannsschild
Androsace primuloides
Primelgewächse
(Primulaceae)

Sonnig–halbschattig
Lockerer, etwas sandiger Boden
Juni–Juli

Heimat: Himalaya
Niedrige Staude, die bis zu 10 cm lange Ausläufer bildet, an deren Spitzen sich neue Blattrosetten bilden. Blätter lanzettlich, ganzrandig und behaart. Kelchblüten in Dolden. Von *A. primuloides* gibt es einige Varietäten, die für den Steingarten in Frage kommen. Die abgebildete Sorte 'Chumbyi' ist gedrungener und robuster als andere. 3–5 cm große Rosetten bilden ca. 60 cm große Polster; die rosa Blütenstände werden nur 10 cm hoch.
Haltung: In gut durchlässiger Erde, die etwa Humus enthalten sollte. Im Winter ist Schutz vor Nässe ratsam, da die Rosetten sonst faulen. Standort sonnig bis halbschattig und nicht zu feucht. Schnellwüchsig.
Vermehrung: Durch Teilung. Im Frühherbst bewurzelte Rosetten eintopfen und den Winter über geschützt halten.
Bemerkung: Heißt auch *A. sarmentosa*.
(Bild Seite 14)

❋ **A**

Strahlenanemone
Anemone blanda
Hahnenfußgewächse
(Ranunculaceae)

Halbschattig
Lehmiger, humushaltiger Boden
März–April

Heimat: Griechenland, Kleinasien
Krautiges Knollengewächs. Aus dem knolligen Wurzelstock entspringen drei- oder mehrteilige Blätter. Blüten sternförmig, bei der beliebten Sorte 'Atrocaerulea' schön blau, 2–4 cm groß; Blütenstiele bis 15 cm hoch.
Haltung: Gedeiht in jeder gut durchlässigen Erde in kühler oder halbschattiger Lage, im Steingarten z. B. im Schutz eines Felsens. Knollen gibt es im Spätsommer zu kaufen; sie werden im Frühherbst 4–5 cm tief gepflanzt und vor Frost durch Abdecken mit Reisig geschützt. Die Pflanzstelle bezeichnen, da die Blätter nach der Blüte absterben.
Vermehrung: Die kleinen Knollen kann man im Mittsommer teilen. Die frischen Samen werden im Hochsommer gesät; sie brauchen mindestens zwei Jahre zum Keimen.
(Bild Seite 16)

Gemeines Katzenpfötchen
Antennaria dioica
Korbblütler (Compositae)

Sonnig
Sandiger, magerer, gut durchlässiger Boden
Mai–Juni

Heimat: Nördliche, gemäßigte Zone
Wertvoller Bodendecker mit grundständigen Rosetten lanzettlicher, unterseits silbergrau behaarter Blätter, die ein niedriges Polster von bis zu 45 cm Durchmesser bilden. Die Blüten stehen in einer Trugdolde auf einem je nach Güte des Bodens 5–10 cm hohen Stengel und sind weißlichgelb oder rötlich; bei der abgebildeten Sorte 'Rosea' kräftig rosa.
Haltung: Die Erde muß unbedingt gut entwässern und sollte etwas sandig sein. Macht sich besonders gut zwischen Steinplatten oder an Wegrändern. Standort so sonnig wie möglich, damit die silbergrau behaarten Blätter erhalten bleiben.
Vermehrung: Im Frühjahr oder Spätsommer teilen und sofort auspflanzen oder eintopfen; langwieriger aus Samen.
(Bild Seite 16)

Berg-Wundklee
Anthyllis montana
Schmetterlingsblütler
(Leguminosae)

Sonnig
Kalkhaltiger Boden
Mai–Juli

Heimat: Gebirge Mittel- und Südeuropas
Kriechender, holziger, bis 30 cm hoher Halbstrauch mit silbrig behaarten, unpaarig gefiederten Blättern. Die rosa- bis purpurroten Blüten stehen in dichten Köpfchen einzeln auf langen Stielen.
Haltung: Möchte einen sonnigen, trockenen Standort in sehr gut durchlässiger, kalkhaltiger Erde; verträgt keine feuchten, sauren Böden. Bildet eine Pfahlwurzel, die keine Störung verträgt, daher nicht umpflanzen.
Vermehrung: Im Sommer Stecklinge (mit Auge) in einen Sandkasten setzen oder durch Teilung großer Sträucher oder Aussaat im zeitigen Frühjahr. (Bild Seite 33)

Akelei
Aquilegia discolor
Hahnenfußgewächse
(Ranunculaceae)

Halbschattig
Gut durchlässiger, feuchter Boden
Mai–Juni

Heimat: Spanien
Niedriger Strauch mit dreizählig zusammengesetzten graugrünen Blättern. Auf einem kurzen (bis 15 cm), wenig verzweigten Stengel sitzen hellila bis dunkelviolette Blüten mit weißen Kronen.
Haltung: Gedeiht am besten in gut durchlässigem Boden mit genügend Feuchtigkeit an einem halbschattigen Standort. Im Winter vor Frost schützen!
Vermehrung: Leicht durch Samen. Aussaat im Frühjahr. Sät sich meist selbst reichlich aus. Vorsicht vor dem Kauf von Packungen mit sogenannten »Alpenakeleien«, die sich als 60 cm hohe Pflanzen entpuppen.

✽ **A**

Gänsekresse
Arabis ferdinandi-coburgii
Kreuzblütler (Cruciferae)

Halbschattig–schattig
Lockerer Humusboden
April–Juni

Heimat: Mazedonien
Immergrüner, polsterbildender Bodendecker, bis 10 cm hoch, bildet einen dichten Teppich von bis zu 30 cm Durchmesser. Blätter länglich-eiförmig, beidseitig behaart. Blüten klein, in Trauben stehend, weiß und unscheinbar.
Haltung: In lockerem, humushaltigem Boden; eher schattig als sonnig. Nicht zu kräftig düngen, damit das Laub schön graugrün bleibt.
Vermehrung: Durch Teilung, die praktisch jederzeit möglich ist, oder durch Stecklinge mit einem Auge oder etwas altem Holz am Grunde im Spätsommer.

Sandkraut
Arenaria balearica
Nelkengewächse (Caryophyllaceae)

Schattig
Beliebiger Boden
April–August

Heimat: Inseln des westlichen Mittelmeeres
Kleine, kriechende, bis 5 cm hohe Staude, die einen moosartigen Teppich aus winzigen grünen, ovalen Blättchen bildet, aus dem sich zahlreiche, einzelstehende, weiße, sternförmige Blüten auf 2–3 cm langen Stielen erheben.
Haltung: Verträgt keine direkte Sonneneinstrahlung und verlangt einen feuchten Standort. Wirkt reizvoll an einer feuchten, durchlässigen Felswand oder an einem Torfblock. Schwer anzusiedeln, hält sich aber, wenn es erst fest verwurzelt ist. Bescheiden, breitet sich nur langsam aus, ohne Schaden für die überwucherten Pflanzen. Vor Frost schützen!
Vermehrung: Im Frühherbst durch Teilung. Läßt sich nicht gern umtopfen, aber man kann die Pflanze in Torf versenken und die Stücke nehmen, sobald sie anwurzeln.
(Bild Seite 33)

A ✳

Arisarum
Arisarum proboscideum
Aronstabgewächse (Araceae)

Halbschattig
Nicht zu feuchter Humusboden
April–Mai

Heimat: Mittelitalien, Südwestspanien
Das Pflänzchen ist nicht besonders
bunt gefärbt, aber für den urteilsfähigen
Gärtner nicht ohne Reiz. Die 8–10 cm
langen »Schwänze«, in die die Blüten
auslaufen, lassen an Mäuse denken,
die zwischen den pfeilförmigen
Blättern verschwinden – was
besonders für Kinder sehr reizvoll ist.
Die im Frühjahr erscheinende »Blüte«
ist eigentlich eine Blütenscheide, die
z. T. zu einer Röhre verwachsen ist; sie
ist oberseits olivgrün, unterseits weiß,
manchmal mit stumpf violetter
Streifung.
Haltung: Geeignet für einen
halbschattigen Standort oder eine
Nordlage im Torfgarten; breitet sich
dort unaufdringlich aus. Verträgt keine
pralle Sonne. Vor Frost schützen.
Vermehrung: Einfach. Im Spätfrühling
nach der Blüte teilen und in eine Torf-
oder Lauberdemischung pflanzen.

Zwerg-Grasnelke
Armeria juniperifolia
Bleiwurzgewächse
(Plumbaginaceae)

Sonnig–halbschattig
Gut durchlässiger Boden
Mai–Juni

Heimat: Spanien (Pyrenäen)
Diese seit langem beliebte Steingartenpflanze bildet einen adretten,
5–10 cm hohen Horst aus schmalen,
dunkelgrünen Blättern, aus dem im
Frühling rosa Blütenköpfchen
entspringen. Ihre Stiele sind so kurz,
daß sie fast ungestielt erscheinen,
besonders bei der abgebildeten Form
'Bevans Variety', bei der die kräftig rosa
Blütenköpfe sich geradezu in das Bett
der nadelartigen Blätter kuscheln.
Haltung: *A. juniperifolia* braucht einen
gut entwässernden Boden und gedeiht
an sonnigen und halbschattigen
Lagen. Reagiert empfindlich auf zu viel
Feuchtigkeit! Vor Frost gut schützen.
Vermehrung: Im Spätsommer durch
Teilung oder Aussaat. Jungpflanzen im
Haus überwintern! Stets für Nachzucht
sorgen.
Bemerkung: Wird in Katalogen noch
unter dem bis zu einer kürzlich
erfolgten Umbenennung gebräuch-
lichen Namen *A. caespitosa* geführt.
(Bild Seite 34)

✳ **A**

Gemeine Grasnelke
Armeria maritima
Bleiwurzgewächse
(Plumbaginaceae)

Sonnig
Trockener, sandiger Boden
Juni–September

Heimat: Küsten und Gebirge West-, Mittel- und Nordeuropas
Leicht wachsende, bis 20 cm hoch werdende Staude mit graugrünen, grasartigen Blättern und kugeligen, rosafarbenen Blütenköpfen. Von den vielen Unterarten und Formen sind einige als Gartenpflanzen gezüchtet worden; dazu gehört die Form 'Bloodstone' mit sehr reizvollen, 20–25 cm großen, dunkelroten Blütenköpfchen.
Haltung: Gehört eher an den Rand eines Beetes oder in einen großen Steingarten als in einen kleinen, in dem sie unproportioniert wirkt. Gedeiht am besten an einem trockenen, sonnigen Standort, verträgt aber Halbschatten besser als andere Grasnelken. Nicht zu stark düngen – schießt leicht zu sehr in die Höhe.
Vermehrung: Durch Teilung, Aussaat oder Stecklinge. 7–8 cm lange Stecklinge mit etwas altem Holz werden im Sommer in einen Sandkasten gesteckt.
(Bild Seite 34)

Beifuß
Artemisia stelleriana
Korbblütler (Compositae)

Sonnig
Sandiger, gut durchlässiger Boden
Juli–August

Heimat: Ostasien
Mehrjähriger, 30–70 cm hoher Bodendecker mit attraktivem, weißfilzigem Laub. Die abgebildete Sorte 'Mori's Form' aus Japan wird höchstens 15 cm hoch. Die tief gelappten grauen, fast weißen Blätter duften aromatisch. Im Spätsommer erscheinen Köpfchen aus gelblichen, gänseblümchenähnlichen Blüten.
Haltung: Verträgt keinen schattigen, feuchten Standort; entfaltet sich am besten in praller Sonne, auf trockenen, sandigen Böden; sehr anpassungsfähig. Im Winter vor Frost schützen.
Vermehrung: Durch Teilung oder Abtrennen bewurzelter Triebe.
(Bild Seite 35)

A ✻

Hohe Windastilbe, Chinesische Prachspiere
Astilbe chinensis var. *pumila*
Steinbrechgewächse (Saxifragaceae)

Sonnig–halbschattig
Humusboden
August–September

Heimat: Nordchina, Tibet
Diese Zwergastilbe wird etwa 30 cm hoch und ist ein reichblühender Bodendecker. Zwischen den farnähnlichen Blättern entspringen schmale Rispen mit tief rosa, leicht violett überhauchten Blüten, die im Spätsommer in reicher Zahl erblühen.
Haltung: Gedeiht am besten an einem halbschattigen Standort mit humosem Boden, verträgt aber auch pralle Sonne und kurzfristige Trockenheit. Nie ganz austrocknen lassen!
Vermehrung: Durch Teilung im Frühjahr, dabei die Stücke nicht zu klein machen. Die neuen Pflanzen brauchen unbedingt Feuchtigkeit und Schatten.
(Bild Seite 36)

Blaukissen
Aubrieta-Hybriden
Kreuzblütler (Cruciferae)

Sonnig
Gut durchlässiger, kalkhaltiger Boden
April–Mai

Heimat: Südeuropa von Sizilien bis Kleinasien
Die Gattung *Aubrieta* mit einer Reihe von Arten ist so bekannt, daß sie kaum einer Beschreibung bedarf. Die dichten, bis 10 cm hohen Polster aus Rosetten kleiner, lanzettlicher, flaumhaariger Blätter bilden einen bis zu 60 cm breiten Teppich. Die Blüten, die auf 8–10 cm hohen Stielen stehen, bieten im Frühjahr ein buntes Bild. Es gibt viele Sorten, deren Farbskala von Blaßrosa bis Violettblau und Blau reicht.
Haltung: Leicht zu pflegen, wenn man ihr einen trockenen Standort an einem sonnigen Hang oder einer Trockenmauer gibt. Gedeiht am besten auf Kalk oder basischen Böden. Um ein adrettes Aussehen zu bewahren, schneidet man die verwelkten Blüten mit einer Schere ab.
Vermehrung: Im Frühherbst teilen und die Teile einzeln eintopfen, im Frühjahr im Abstand von 20–30 cm auspflanzen.
(Bild Seite 37)

* **A/C**

Azorella
Azorella trifurcata
Doldenblütler (Umbelliferae)

Sonnig–halbschattig
Gut durchlässiger, steiniger Boden
Juli–August

Heimat: Südliches Südamerika (Falklandinseln, Chile)
Diese immergrüne, niedrige Staude bildet sich gleichmäßig ausbreitende Polster mit bis zu 90 cm Durchmesser, aber nur 7–8 cm Höhe, die aus Rosetten von ledrigen, grünen Blättern bestehen. In dem Maße, wie die Pflanze sich langsam ausbreitet, wurzeln die sich vorschiebenden Sprosse an. Im Hochsommer erscheinen winzige, kurzgestielte, gelbe Blüten. Hauptsächlich wegen des adretten, symmetrischen Wuchses berühmt.
Haltung: Gedeiht am besten in sonniger, warmer Lage auf gut durchlässigem, steinigem Boden. Vor nasser Kälte schützen. Da Frost oft die Pflanzen vernichtet, für Nachzucht sorgen.
Vermehrung: Leicht durch Teilung im Frühjahr. Stets einige Jungpflanzen frostfrei überwintern.
Bemerkung: Wird in manchen Katalogen noch als *Bolax glebaria* geführt.
(Bild Seite 37)

Kleine Glockenblume
Campanula cochlearifolia
Glockenblumengewächse (Campanulaceae)

Sonnig
Beliebiger, jedoch lockerer Boden
Juni–Juli

Heimat: Gebirge Süd- und Mitteleuropas
Bis zu 15 cm hohe, reich blühende Staude für den Steingarten. Über den herzförmigen, grundständigen Blättern erheben sich die zarten Blütenglöckchen; die Farbskala der Formen reicht von Weiß bis Dunkelblau.
Haltung: Diese ausgesprochene Geröllpflanze fühlt sich am wohlsten auf steinigem, kalkhaltigem Boden in praller Sonne. Feuchtigkeit wird nicht gut vertragen. Wuchert nicht, braucht aber Platz zur Ausdehnung.
Vermehrung: Leicht durch Teilung zwischen Frühherbst und Frühjahr oder Aussaat.
(Bild Seite 38)

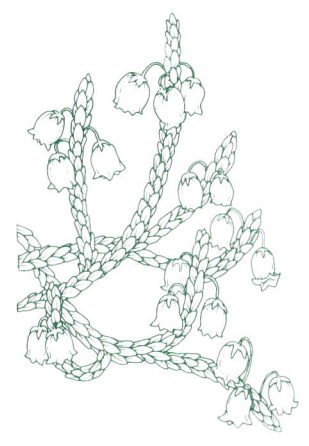

Hängepolsterglocke
Campanula poscharskyana
Glockenblumengewächse
(Campanulaceae)

Sonnig–halbschattig
Beliebiger, gut entwässernder Boden
Juni–September

Heimat: Dalmatien
Wuchernde, reichblühende, buschige Staude. Bildet ein wirres Geflecht von Wurzeln und Stengeln, das schwer auszurotten ist. Eine Pflanze kann eine Fläche von 60–90 cm Durchmesser bedecken. Dutzende von hell lavendelblauen Blütenglocken erheben sich auf 30 cm hohen Stielen und verbergen die scharf gezähnten, rundlichen Blätter vollständig.
Haltung: Am besten dort, wo man sie in Schranken halten kann, oder in einer Ecke, wo sonst nichts wachsen will – keinesfalls in der Nähe wertvollerer Pflanzen. Ideal für die Trockenmauer oder für magere Erde. Darf auf keinen Fall gut gedüngt werden.
Vermehrung: Leicht durch Teilung oder Aussaat.
Bemerkung: Eine verwandte Art, *C. portenschlageriana,* aus Dalmatien, wuchert nicht ganz so stark und blüht obendrein gut an schattigen Standorten.

Schuppenheide
Cassiope lycopodioides
Heidekrautgewächse
(Ericaceae)

Halbschattig
Saurer Boden
April–Mai

Heimat: Nordostasien
Immergrüner, bis 30 cm hoher Zwergstrauch. Zahlreiche drahtige, immergrüne Zweige, scheinbar ohne Blätter – diese liegen den Zweigen eng an – bilden einen flachen grünen Teppich von bestenfalls 50 cm Durchmesser, aus dem von Mitte bis Ende des Frühjahrs kleine (5–6 mm große) reinweiße Glockenblüten mit roten Zipfeln entspringen. Sie erscheinen dicht über dem Grün, das sie bei guten Zuchtformen nahezu verhüllen.
Haltung: Braucht im Steingarten einen kühlen Platz im Halbschatten. Verträgt weder Kalk noch heiße Sonne. Ideal für den Torfgarten, in dem sie sich bald zu Hause fühlt.
Vermehrung: Durch Teilung, Stecklinge oder Aussaat. Im Hochsommer schneidet man zarte, junge Stecklinge mit oder ohne Augen und steckt sie in einen Kasten mit einem Gemisch von Sand und Torf – nicht austrocknen lassen!

C

Ceratostigma
Ceratostigma plumbaginoides
Bleiwurzgewächse
(Plumbaginaceae)

Sonnig–halbschattig
Lehmhaltiger, feuchter Boden
September–Oktober

Heimat: China
Dieser 20–30 cm hohe Halbstrauch verschönt den Garten im Herbst, wenn andere Pflanzen welken. Die 2 cm großen, endständigen blauen Blütenköpfchen erscheinen vom Spätsommer an und harmonieren sehr gut mit der roten Tönung der Blätter.
Haltung: Anpassungsfähig, mag aber keinen feuchten Standort und gedeiht besser an einem gut entwässernden, ziemlich warmen Platz. Vollkommen winterhart und unempfindlich gegen frühen Frosteinbruch.
Vermehrung: Einfach, durch Teilung im Frühjahr vor Beginn des Wachstums – Teilung im Herbst würde die Pflanze auf ihrem Höhepunkt beeinträchtigen. Samen reifen selten aus.
(Bild Seite 38)

Schneestolz
Chionodoxa luciliae
Liliengewächse (Liliaceae)

Sonnig–halbschattig
Feuchter, humoser Boden
März–April

Heimat: Westliches Kleinasien
Zwiebelgewächse mit riemenartigen Blättern. Die 15–20 cm hohen Stiele tragen eine einseitige Traube von bis zu 10 lilablauen, 2–2,5 cm großen, sternförmigen Blüten mit weißem Kelch und gelben Staubfäden.
Haltung: In unseren Breiten leicht zu halten. Verwildert im Garten leicht. Ideal ist ein sonniger, humoser, feuchterer Standort; breitet ihren blauen Teppich aber auch unter laubabwerfenden Sträuchern aus. Zwiebeln ab September auspflanzen.
Vermehrung: Vermehrt sich selbst durch Samen und durch Tochterzwiebeln. Den frischen Samen kann man in einen Topf oder gleich in die Erde säen. Erst umpflanzen, wenn das Laub im folgenden Jahr verwelkt ist. Sämlinge blühen erst im zweiten Jahr.
(Bild Seite 39)

Mauritanische Winde
Convolvulus mauritanicus
Windengewächse
(Convolvulaceae)

Sonnig
Leichter, trockener Boden
August–September

Heimat: Nordafrika
Kriechender Halbstrauch mit bis 60 cm langen kriechenden Ranken, die im Spätsommer und Frühherbst immer wieder hellblaue Blüten mit weißem Schlund hervorbringen. Blätter eirund mit kurzem Blattstiel.
Haltung: Gedeiht gut in einer warmen, sonnigen Ecke auf leichtem, trockenem Boden. Im Winter vor Frost schützen.
Vermehrung: Man kann im Frühjahr Samen aussäen, aber um die Pflanze über den Winter zu bringen, hat sich folgendes Verfahren bewährt: Man schneidet im Sommer Stecklinge von nichtblühenden Zweigen und hält sie im Glaskasten warm; um im folgenden Frühjahr ein gutes Wachstum zu erzielen, läßt man die bewurzelten Pflanzen nicht zum Blühen kommen.
(Bild Seite 39)

Lerchensporn
Corydalis cheilanthifolia
Mohngewächse
(Papaveraceae)

Halbschattig–sonnig
Lockerer Humusboden
Mai

Heimat: China
Bis 30 cm hoch werdende Staude mit fiederschnittigen, farnähnlichen Blättern, die eine Bronzetönung annehmen, wenn sie reichlich Licht bekommen. Die leuchtendgelben Blütentrauben sind ca. 20 cm hoch.
Haltung: Verträgt mehr Sonne als die meisten anderen Arten. Hält in fast allen Böden gut aus, sät sich unaufdringlich aus. An eine Stelle pflanzen, wo sie Platz dazu hat.
Vermehrung: Vermehrt sich meist von selbst. Im Spätwinter Samen aussäen. Es ist wichtig, dünn zu säen und die Keimlinge zu verpflanzen, ehe sich die Hauptpfahlwurzel gebildet hat. Man kann auch selbst ausgesäte Keimlinge aus dem Garten nehmen. Junge Pflänzchen nicht zu lange im Topf halten.

✼ C

 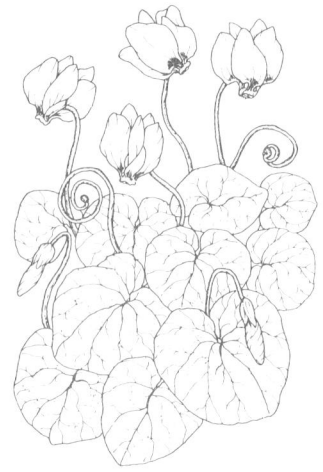

Herbstkrokus
Crocus speciosus
Schwertliliengewächse
(Iridaceae)

Sonnig
Gut durchlässiger, lockerer Boden
September–Oktober

Heimat: Persien, Kleinasien
Knollengewächs mit 10–12 cm großen, lilablauen Blüten mit gelben Staubfäden und rotem Stempel; bei der Sorte 'Aitchisonii' sind die Blüten größer und attraktiv geädert.
Haltung: Ende September Knollen in lockeren Boden einlegen; vor Frost schützen. Verträgt keine nassen, schweren Böden. Verwildert leicht. Gedeiht besonders gut in lockerem Gehölz.
Vermehrung: Durch Samen oder Tochterknollen.
Bemerkung: Die Frühlingskrokusse sind so bekannt, daß sie hier nur gestreift werden sollen. Die großen Sorten eignen sich nicht für kleine Steingärten. Von der kleineren, im Spätwinter blühenden Art *C. chrysanthus* aus Griechenland und Kleinasien gibt es Sorten in prächtigen Farben für jeden Geschmack.

Alpenveilchen
Cyclamen coum
Primelgewächse
(Primulaceae)

Halbschattig
Gut durchlässiger Boden
Februar–März

Heimat: Kleinasien
Knollengewächs mit ungeheurer Variationsbreite. Die Blätter können rund oder nierenförmig, ganz grün oder silbern marmoriert sein. Die Farbe der Blüten variiert von Dunkelviolett über Karminrot und Rosa bis Reinweiß; auch die letzteren haben immer noch den roten oder violetten Fleck am Grund der Blütenblätter. Die ca. 2 cm großen, relativ kompakten Blüten stehen auf 7–8 cm langen Stielen.
Haltung: Alpenveilchen wachsen gut an einem kühlen Standort im Steingarten. Einmal im Jahr Knochenmehl streuen. Die Stelle bezeichnen, an der sie wachsen, damit sie im Sommer nicht gestört werden.
Vermehrung: Durch Samen, sobald die Kapseln reif sind.

Oben: *Anthyllis montana,* eine pflegeleichte europäische Gebirgspflanze, braucht pralle Sonne, wenn sie den ganzen Sommer über blühen soll. Siehe Seite 23.

Unten: *Arenaria balearica* ist manchmal schwierig anzusiedeln, breitet sich dann aber langsam teppichbildend aus. Siehe Seite 24.

Oben: *Armeria juniperifolia* 'Bevon's Variety' bilden ein adrettes kleines Büschel grasähnlicher Blätter, aus dem im Frühsommer kurzgestielte Blüten entspringen. Klein genug für den Zwergsteingarten. Siehe Seite 25.

Links: *Armeria maritima* 'Bloodstone', eine kräftige, mit 20 cm recht hohe Sorte, die sich besser für einen größeren Steingarten eignet. Siehe Seite 26.

Rechts: *Artemisia stelleriana* 'Mori's form' ist eine prächtige Blattpflanze für den Steingarten; die Blüten sind eher unbedeutend. Siehe Seite 26.

Oben: *Astilbe chinensis* var. *pumila* verträgt einen trockenen Standort. Bringt im Spätsommer willig ihre rosa Blütentrauben hervor. Siehe Seite 27.

Oben: *Aubrieta*-Hybriden bringen im Frühjahr Farbe in den Garten. Siehe Seite 27.

Unten: *Azorella trifurcata*, manchmal unter dem Namen *Bola* geführt, bildet attraktive Polster. Siehe Seite 28.

Oben: *Campanula cochlearifolia,* ein zarter Blickfang im Steingarten. Siehe Seite 28.

Rechts: *Chionodoxa luciliae,* ein farbenfrohes, frühblühendes Zwiebelgewächs, ist äußerst unempfindlich. Am besten in Gruppen anpflanzen. Siehe Seite 30.

Links unten: *Ceratostigma plumbaginoides* ist eine wertvolle, im Herbst blühende Pflanze mit rotgetöntem Laub. Siehe Seite 30.

Rechts unten: *Convolvulus mauritanicus* ist eine Verwandte unserer heimischen Winden, wuchert aber weniger stark. Siehe Seite 31.

Links: *Cyclamen hederifolium* blüht im Spätsommer und ist sehr leicht aus Samen zu ziehen. Siehe Seite 49.

Rechts: *Cytisus × beanii*, ein Zwergginster, der sich gut für einen Platz oben auf einem Felsen oder einer Trockenmauer eignet, über die er seine Farbenpracht ergießen kann. Siehe Seite 49.

Unten: *Daphne cneorum* ist eine herrlich duftende Gebirgspflanze. Der Zwergstrauch wuchert stark und braucht einen freien Standort. Giftig! Siehe Seite 50.

Oben: *Dianthus neglectus* gehört zur großen Familie der Nelken, die alle auf basischen Böden gedeihen und uns im Frühsommer mit ihrer Blütenpracht erfreuen. Siehe Seite 50.

Unten: *Diascia cordata* braucht zum guten Gedeihen einen warmen, nicht zu exponierten Standort. Die rosa Blüten erscheinen im Sommer. Siehe Seite 51.

Oben: *Dodecatheon pauciflora* bevorzugt einen feuchten, nicht zu sonnigen Standort. Siehe Seite 52.

Links: *Dryas octopetala* bringt im Frühjahr rahmweiße Blüten hervor, die reizende, flauschige Samenköpfchen bilden. Siehe Seite 52.

Rechts: *Epimedium alpinum* ist eine wertvolle Blattpflanze mit aparten, meist im Laub versteckten Blüten. Siehe Seite 53.

Links unten: *Edraianthus pumilio* eignet sich für einen gut entwässernden Schutthang oder den Zwergsteingarten. Siehe Seite 53.

Rechts unten: *Eranthis hyemalis* blüht im Spätwinter als eine der ersten Knollenpflanzen. Nicht immer leicht anzusiedeln, lohnt aber die Mühe. Giftig! Siehe Seite 54.

Oben: *Erinus alpinus* ist sehr anpassungsfähig; sät sich unaufdringlich selbst im Garten aus und bietet im Frühsommer ein farbiges Bild. Siehe Seite 55.

Links: *Erigeron mucronatus* wirkt am besten zwischen Steinplatten. Im Sommer erscheinen reizende, an Gänseblümchen erinnernde rosa Blüten. Siehe Seite 54.

Rechts: *Erysimum* 'Jubilee Gold' stellt im Frühjahr einen prächtigen Farbfleck dar, wenn aus schokoladenfarbenen Knospen sattgelbe Blüten entspringen. Siehe Seite 55.

Oben: *Erythronium* × 'Pagoda' gehört zu einer Anzahl von wertvollen Knollenpflanzen aus Nordamerika, die einen kühleren Platz im Garten bevorzugen. Siehe Seite 56.

Unten: *Eryops acraeus,* ein Zwergstrauch aus Südafrika, hat sich bei uns im Garten als winterhart erwiesen. Siehe Seite 57.

C *

Neapolitaner Erdscheibe, Alpenveilchen
Cyclamen hederifolium
Primelgewächse
(Primulaceae)

Halbschattig–schattig
Gut durchlässiger, nicht zu feuchter Boden
September–November

Heimat: Gesamtes Mittelmeergebiet
Vielgestaltige Knollenpflanze. Die im Spätsommer erscheinenden 2,5 cm großen Blüten sind eine Miniaturausgabe der als Topfpflanzen bekannten Alpenveilchen. Die an Efeu erinnernden, marmorierten Blätter sind sehr dekorativ und oft vielgestaltig.
Haltung: Trockene Knollen sind leicht erhältlich, aber es dauert manchmal lange, bis sie anwurzeln, daher kauft man besser fertige Pflanzen. Wenn sie Halbschatten und Lauberde bekommen, können sie sich selbst aussäen.
Vermehrung: Durch Samen; das Ergebnis ist nicht einheitlich. Der frische Samen wird in Torferde gesät und feucht gehalten. Man kann auch selbst ausgesäte Keimlinge verpflanzen.
(Bild Seite 40)

Besenginster
Cytisus × beanii
Schmetterlingsblütler
(Leguminosae)

Sonnig–halbschattig
Gut durchlässiger, etwas lehmiger Boden
Mai

Heimat: Hybride aus *C. ardoinii* (Südfrankreich) × *C. purgans* (Spanien, Nordafrika, Südfrankreich). Halbliegender, 40 cm hoher Strauch, der im Spätfrühling oder Frühsommer an den vorjährigen Trieben 12 mm lange, gelbe Schmetterlingsblüten trägt. Unentbehrlich für einen größeren Steingarten.
Haltung: Bevorzugt einen sonnigen Standort, am besten in Hanglage. Wächst leicht in jeder gut durchlässigen Erde. Verträgt keinen nassen Standort.
Vermehrung: Durch Samen, Teilung oder Stecklinge. Im Frühsommer schneidet man Stecklinge mit oder ohne Auge; man nimmt dazu mindestens 5 cm lange Sprosse, die zu verholzen beginnen. In einen Sandkasten stecken und beim Umtopfen achtgeben, daß die Wurzeln nicht beschädigt werden. *C. × beanii* darf nach dem Auspflanzen nicht mehr gestört werden.
(Bild Seite 41)

✳ **D**

Rosmarin-Seidelbast
Daphne cneorum
Seidelbastgewächse
(Thymelaeaceae)

Sonnig
Gut durchlässiger, kalkhaltiger Boden
Mai–Juni

Heimat: Gebirge Mittel- und Südeuropas
Stark verzweigter, niederliegender, bis 30 cm hoher Strauch mit dunkelgrünen, lanzettlichen, abgerundeten Blättern. Trägt im Frühjahr – manchmal auch wieder im Herbst – Büschel stark duftender rosa Blüten. Scheint im Garten besser zu gedeihen als in der Natur, wo er oft kümmerlich wirkt. Giftig!
Haltung: Gedeiht in Böden aller Art, aber eine Bedeckung der nackten Stämme mit Laubstreu einmal im Jahr wirkt wohltuend. Nicht ganz winterhart, vor Frost schützen.
Vermehrung: Schwierig. Im Hochsommer blühende Sprosse abschneiden, zum Bewurzeln mit einem Hormon behandeln und in einen schattierten Torfkasten stecken. Man kann auch im Spätfrühling die Zweige mit Sand und Torf bedecken, um die Bildung von Absenkern anzuregen.
(Bild Seite 40–41)

Alpennelke
Dianthus alpinus
Nelkengewächse
(Caryophyllaceae)

Sonnig
Gut durchlässiger, sandiger Boden
Juli–August

Heimat: Südwest- und Ostalpen
Niedrige (10–20 cm), dichte Büsche mit schmalen, graugrünen Blättern. Im Hochsommer stehen auf kurzen Stielen dicht über den Blättern bis zu 3 cm große Blüten, deren Farbe von Hellrosa bis Dunkelkarminrot variiert.
Haltung: Wächst im Gegensatz zu anderen Nelken nicht auf basischen, sondern auf kalkfreien Böden. Gedeiht an einem sonnigen Standort in gut durchlässiger Erde, liebt im Sommer Feuchtigkeit, im Winter weniger.
Vermehrung: Durch Aussaat im Frühjahr oder Stecklinge. Im Hochsommer schneidet man von nichtblühenden Sprossen weiche Stecklinge und steckt sie in einen Vermehrungskasten mit sandiger Erde; die Pflänzchen sind im Spätwinter ausgebildet.
(Bild Seite 42)

D ✳

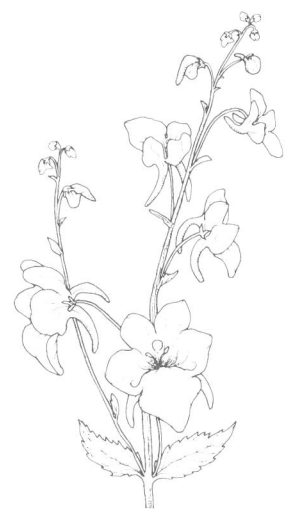

Heidenelke
Dianthus deltoides
Nelkengewächse
(Caryophyllaceae)

Sehr sonnig
Kalkhaltiger, trockener Boden
Juni–September

Heimat: Europa, Asien
Dichte polsterbildende Pflanze, bis 25 cm hoch. Blätter hellgrün, im Gegensatz zu dem bei Nelken üblichen Grau. Trägt vom Früh- bis zum Spätsommer auf bis zu 10 cm langen Stielen große, purpurrote Blüten. Die Blütenknospen sind fast schwarz. Leider ist die echte Pflanze nicht immer im Handel erhältlich.
Haltung: Wächst am besten in gut durchlässigem, kalkhaltigem Boden, der nicht zu naß sein sollte; dem Boden eventuell etwas Kalk zufügen.
Vermehrung: Durch Stecklinge, die man nach der Blüte nimmt oder durch Samen.

Diascie
Diascia cordata
Braunwurzgewächse
(Scrophulariaceae)

Sonnig
Gut durchlässiger Boden
Juli–September

Heimat: Südafrika
Attraktive Pflanze mit 15–25 cm langen Rispen von rosa terrakottafarbenen Blüten, über einem dichten Polster belaubter, mehr oder weniger niederliegender Zweige.
Haltung: Schätzt einen warmen, geschützten Standort in beliebiger, jedoch gut durchlässiger Erde. Darf auf keinen Fall exponiert stehen! Vor Frost schützen.
Vermehrung: Durch Stecklinge. Man schneidet im Sommer junge Sprosse ab und steckt sie in einen Sandkasten. Wenn sie bewurzelt sind, überwintert man sie im Kasten und pflanzt sie im nächsten Frühjahr aus.
(Bild Seite 42)

D

Götterblume
Dodecatheon meadia
Primelgewächse
(Primulaceae)

Halbschattig
Humoser, feuchter Lehmboden
Mai–Juni

Heimat: Feuchte Wälder Nordamerikas
Ausdauerndes Kraut mit grundständigen, lanzettlichen Blättern, die im Frühjahr erscheinen. Aus der Blattrosette wachsen im Spätfrühling oder Frühsommer auf 30–45 cm hohen, blattlosen Stielen aparte Blütendolden mit 2 cm großen purpurrosa Blüten, die denen des Alpenveilchens ähneln.
Haltung: Anspruchslose Pflanze, die nur etwas Schatten und Feuchtigkeit verlangt. Wenn der Steingarten einen Teich hat, gehört sie unbedingt ans Ufer; andernfalls tut es auch ein feuchtes Plätzchen. Die Stelle muß unbedingt bezeichnet werden, da die Blätter im Winter absterben.
Vermehrung: Im Frühjahr durch Teilung, indem man bewurzelte Ableger abnimmt und in Torferde setzt, oder durch Aussaat.
(Bild Seite 43)

Silberwurz
Dryas octopetala
Rosengewächse (Rosaceae)

Sonnig
Beliebiger, durchlässiger Boden
Juni–Juli

Heimat: Europäische Hochgebirge und Arktis
Rasenbildende, bis 15 cm hohe Staude mit kleinen, krausen, an Eichen erinnernden, dunkelgrünen, unterseits silbergrauen Blättern. Zweifach wertvoll für jeden Steingarten: im Frühjahr wegen der 4 cm großen, weit geöffneten rahmweißen Blüten, im Sommer wegen der flaumigen Samenköpfchen. Die Einzelblüten erheben sich höchstens 10 cm über die Blätter, die Samenköpfchen ein wenig mehr.
Haltung: Sonniger Standort erwünscht. Begnügt sich mit jeder Art Erde; je fetter sie ist, desto geringer ist die Wahrscheinlichkeit der Blütenbildung.
Vermehrung: Durch Teilung, Stecklinge und bewurzelte Triebe. Im Frühjahr oder Sommer 8 cm lange Stecklinge mit Augen schneiden und flach in einen Topf mit sandiger Erde setzen. Stecklinge und bewurzelte Triebe nur flach pflanzen, senkrecht gepflanzte Stecklinge gehen ein!
(Bild Seite 44)

E ✱

Büschelglocke, Becherglocke
Edraianthus pumilio
Glockenblumengewächse
(Campanulaceae)

Sonnig
Gut durchlässiger, kalkhaltiger Boden
Juni–Juli

Heimat: Dalmatien
Dichte, polsterbildende Pflanze mit zähen, nadelförmigen, graugrünen Blättern, aus denen im Sommer ein Büschel nach oben offener, trichterförmiger, lavendelblauer Blüten entspringt.
Haltung: Eignet sich wegen ihrer Größe und ihres adretten Wuchses hervorragend für Zwergsteingärten. Bevorzugt sonnigen Standort auf gut durchlässigem, kalkhaltigem Humusboden. Winterhart.
Vermehrung: Im Winter in eine grusige Mischung säen; in lehmige Erde mit Kalksplitt umpflanzen; vorsichtig gießen. Im Hochsommer kann man weiche Stecklinge von nichtblühenden Trieben abnehmen und in Sand setzen; sie müssen unbedingt am Blühen gehindert werden, um gut anzuwurzeln.
(Bild Seite 44)

Elfenblume, Sockenblume
Epimedium alpinum
Sauerdorngewächse
(Berberidaceae)

Schattig
Normaler Gartenboden
April–Mai

Heimat: Südeuropa
Bis 30 cm hoch werdende Staude mit doppelt- bis dreizähligen, frischgrünen, leicht gezähnten Blättern, die in der Jugend am Rande oft rot gefärbt sind. Die Blüten stehen in attraktiven Rispen, die bis 26 Einzelblüten tragen können. Die äußeren Blütenblätter sind rosarot, die inneren gelb. Besonders wertvoll als Bodendecker an einem waldähnlichen oder ausgesprochen schattigen Standort.
Haltung: Anspruchslose Schattenstaude, die auch im Winter noch die alten Blätter behält. Im Frühjahr diese Blätter entfernen, damit die Blüten freigelegt sind. Erde nie austrocknen lassen.
Vermehrung: Im Frühjahr oder Herbst teilen und in Lauberde pflanzen; Töpfe schattig stellen. Die jungen Pflanzen können nach 4–8 Wochen ausgepflanzt werden.
(Bild Seite 45)

✳ E

Winterling
Eranthis hyemalis
Hahnenfußgewächse
(Ranunculaceae)

Halbschattig
Normaler Gartenboden
Februar–März

Heimat: Südeuropa
Ausdauernde Pflanze mit knolligem Erdstamm und grundständigen, hellgrünen Blättern. Im Frühjahr erscheinen 2 cm große, leuchtendgelbe, becherförmige Blüten auf 10 cm hohen Stielen, die sehr bald vergehen. Das ganze übrige Jahr ist nichts von der Pflanze zu sehen.
Haltung: Gedeiht am besten auf basischen Böden, möglichst mit Laubstreu. Liebt einen waldähnlichen oder halbschattigen Standort, eignet sich besonders zur Anpflanzung unter Laubbäumen. Unbedingt die Stelle bezeichnen, wo man die Knollen gepflanzt hat, und Pflanze ungestört lassen.
Vermehrung: Durch Samen. Entweder frischen Samen in eine Saatmischung säen oder selbst ausgesäte Keimlinge, die um die Mutterpflanze herum entstanden sind, ausheben und später teilen.
(Bild Seite 45)

Mexikanisches Berufskraut
Erigeron mucronatus
Korbblütler (Compositae)

Sonnig
Magerer Boden
März–September

Heimat: Mexiko
Reizende, ca. 15 cm hohe Bergblume (ähnlich dem Gänseblümchen), die sich unaufdringlich selbst aussät, ohne lästig zu werden. Wertvoll als Sommerblüher; ausgedehnte Blütezeit bis weit in den Herbst hinein. Die je nach ihrem Alter weißen bis sattrosa Blüten bieten einen hübschen Anblick. Die ganze Pflanze wirkt zierlich mit ihren zerbrechlich aussehenden Blättern und drahtdünnen Stielen.
Haltung: Braucht eine Hungerdiät, z. B. zwischen Steinplatten oder in einer Mauer, gibt ihr Bestes nicht, wenn sie zu gut gepflegt wird. Vor Frost schützen.
Vermehrung: Aussaat im Spätwinter; die jungen Pflänzchen werden im Frühsommer ausgepflanzt. Einmalige Aussaat genügt, sät sich danach immer wieder selbst aus.
(Bild Seite 46)

E ✻

Alpenbalsam
Erinus alpinus
Braunwurzgewächse
(Scrophulariaceae)

Sonnig – schattig
Schotteriger, durchlässiger Boden
Mai–Juli

Heimat: Südwesteuropäische Gebirge (Spanien, Südfrankreich, Italien, westliche und mittlere Alpen) Bis 10 cm hoch werdende Staude mit kleinen Blattrosetten. Blätter und Blütenstiele weißfilzig behaart. Trägt auf drahtdünnen, 7–8 cm hohen Stielen endständige Büschel kleiner hellrosa Blüten. Es gibt auch eine weiße Form sowie einige benannte Sorten mit sattkarminroten oder sattrosa Blüten.
Haltung: Anspruchslose Pflanze für einen »Felsengärten«, geeignet auch für Steinplatten und Trockenmauern, bietet in einem Tuff-Felsen einen reizenden Anblick. Sonnig plaziert, im Winter durch Abdecken mit Reisig vor Frost schützen.
Vermehrung: Durch Samen. Im Winter in Kisten säen und pikieren; im Spätfrühling auspflanzen. Sät sich immer wieder selbst aus.
(Bild Seite 46–47)

Zwergschöterich, Schotendotter
Erysimum pumilum
Kreuzblütler (Cruciferae)

Sonnig
Beliebiger, gut durchlässiger Boden
Mai–Juni

Heimat: Alpen, Pyrenäen
Bis 10 cm hoch werdende Staude, die ein niedriges Polster aus schmalen, graugrünen Blättern bildet, über dem sich im Frühjahr große, duftende, goldgelbe Blütentrauben erheben. Die Einzelpflanzen sind leider kurzlebig. Nahe verwandt und sehr ähnlich dem Goldlack *(Cheiranthus)*.
Haltung: Am besten geeignet für trockene, sonnige Standorte im Steingarten und an Trockenmauern.
Vermehrung: Die Stammform vermehrt sich durch selbstausgesäte Keimlinge, die benannten Sorten sind nicht sortenecht und müssen durch Stecklinge vermehrt werden. Im Frühsommer nichtblühende Stecklinge abnehmen und in den Sandkasten setzen.
(Bild Seite 47)

✲ E

Hundszahn, Zahnlilie
Erythronium revolutum
Liliengewächse (Liliaceae)

Halbschattig
Laubhumusboden
April–Mai

Heimat: Kalifornien
Zwiebelpflanze, die bis 15–45 cm hoch wird. Mit 1–4 frischgrünen, hellbraun und weiß gefleckten Blättern und weißlich bis rosapurpurnen Blüten. Die abgebildete Sorte 'Pagoda' besitzt gelbe Blüten auf 45 cm langen Stielen und gefleckte Blätter. Robuster als die Stammform, die höchstens 30 cm hoch wird.
Haltung: Die ganze Gattung ist äußerst winterhart und liefert wertvolle Pflanzen für kühle Plätzchen im Steingarten mit Lauberde oder als Anpflanzung zwischen lockerem Gehölz.
Vermehrung: Durch Aussaat im Frühherbst oder Brutzwiebeln.
(Bild Seite 48)

Walzen-Wolfsmilch
Euphorbia myrsinites
Wolfsmilchgewächse (Euphorbiaceae)

Sonnig
Gut durchlässiger, trockener Boden
April–Juni

Heimat: Mittelmeergebiet
Leicht sukkulente, winterharte Wolfsmilch, die 10–20 cm hoch wird. Aus einem Mittelpunkt entspringen mehrere gelbliche Stiele mit eng anliegenden, blaugrauen Blättchen. Sie tragen im Frühsommer endständige Köpfchen grüner Blüten in auffälligen gelben Hochblättern. Vorsicht, der Milchsaft, der bei Verletzung der Blätter und Stiele ausfließt, ist giftig!
Haltung: Geeignet für einen sonnigen, trockenen Standort, an dem sie ihren charakteristischen, gedrungenen Wuchs behält. Macht sich gut, wenn sie über den Rand eines Hochbeetes hinabhängt. Wird in fetter Erde oder bei reichlicher Düngung sparrig, und es entsteht ein nackter, reizloser Mitteltrieb.
Vermehrung: Durch Stecklinge oder Samen. Im Spätsommer am Grunde nichtblühende Sprosse abnehmen und in einen Vermehrungskasten stecken.

E/F ✳

Euryops
Euryops acraeus
Korbblütler (Compositae)

Sonnig
Gut durchlässiger Boden
Juni–August

Heimat: Drakensberge (Südafrika) 30 cm hoher Busch mit leuchtend silbernen, schmalen, dicht stehenden Blättern. Trägt im Sommer auf kurzen, grauen Stielen reingoldene, gänseblümchenartige Blüten. Wird, obwohl die Blüten auch reizvoll sind, hauptsächlich wegen des silbergrauen Laubes angepflanzt.
Haltung: Bildet mit den Jahren an einem freien, sonnigen Standort in gut durchlässiger Erde einen kompakten, grauen Busch. Junge Sträucher durch Beschneiden in eine schöne Form bringen. Nicht an eine feuchte Stelle pflanzen.
Vermehrung: Im Sommer Stecklinge von nichtblühenden Sprossen schneiden und in einen Kasten mit sandiger Erde setzen. Meist bilden sich allerdings zahlreiche bewurzelte Ausläufer, die man abnehmen und eintopfen kann.
Bemerkung: War früher als *E. evansii* bekannt.
(Bild Seite 48)

Schachbrettblume
Fritillaria meleagris
Liliengewächse (Liliaceae)

Sonnig–halbschattig
Lockerer, feuchter Boden
April–Mai

Heimat: Europa von England bis Mittelrußland, Alpen und Jugoslawien Zwiebelgewächs, das 20–40 cm hoch werden kann. An den aufrechten, beblätterten Stielen hängen ein bis zwei breite, schachbrettartig gemusterte Glocken, deren Farbe von Weiß (mit Grün) über verschiedene Schattierungen von Rosa, Lila und Purpur bis dunkel schokoladebraun variiert. In Katalogen werden verschiedene benannte Sorten angeboten.
Haltung: Diese Pflanze feuchter Wiesen gedeiht nur an feuchten Standorten, die nie austrocknen dürfen, z. B. in feuchten Wäldern, im Torfgarten oder an Teichen. Verwildert in Wiesen und wirkt gut unter Sträuchern.
Vermehrung: Durch Samen, den man im Spätwinter aussät, oder durch Brutzwiebeln.
(Bild Seite 65)

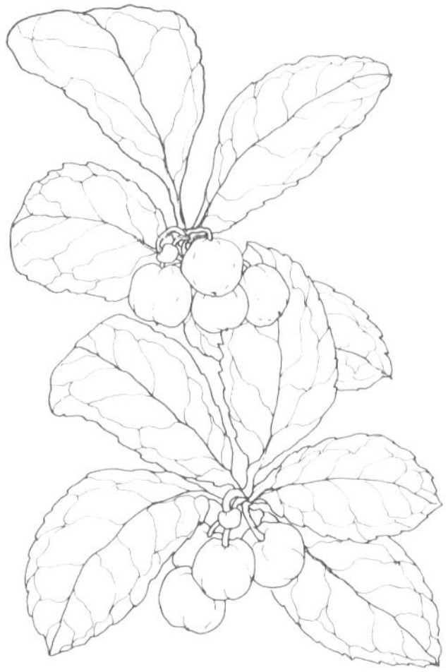

Blasse Schachbrettblume
Fritillaria pallidiflora
Liliengewächse (Liliaceae)

Sonnig–halbschattig
Gut durchlässiger, torfig bis sandiger Boden
April

Heimat: Südsibirien
Eine der schönsten und pflegeleichtesten Fritillarien. Der 15–20 cm hohe Stiel mit breit lanzettlichen Blättern trägt im Frühjahr bis zu vier hängende, grünliche bis leuchtend gelbe Blütenglocken.
Haltung: Benötigt nicht so viel Feuchtigkeit wie die Schachbrettblume, zieht einen mäßig sonnigen Standort mit guter, durchlässiger Erde vor, verträgt aber auch etwas Schatten. Leichtwachsende Art.
Vermehrung: Durch Aussaat oder Brutzwiebeln. Aussaat von frischem Samen im Sommer. Blüht drei Jahre nach der Aussaat. Fritillarien müssen dünn gesät werden, da die Keimlinge längere Zeit in der Erde bleiben müssen, ehe man sie umpflanzen kann.
(Bild Seite 66)

Scheinbeere
Gaultheria procumbens
Heidekrautgewächse (Ericaceae)

Sonnig–halbschattig
Saurer, humoser Boden
Juli–August

Heimat: Nordamerika
Winterharter, niederliegender, höchstens 15 cm hoher Zwergstrauch mit glänzend dunkelgrünen, 2,5 cm langen, leicht gezähnten, ovalen Blättern. Trägt im Sommer kleine (5–6 mm lange), weiße oder zartrosafarbene, endständige Blütenglöckchen und im Herbst hellrote Beeren. Breitet sich durch unterirdische Ausläufer aus und bildet ein Polster, das über 1 m Durchmesser erreichen kann.
Haltung: Fühlt sich am wohlsten an einem Standort mit etwas, jedoch nicht zuviel Sonne und möchte eine kühle, feuchte Lauberde, die nie austrocknen darf. Braucht Platz zum Ausbreiten.
Vermehrung: Im Frühsommer Stecklinge schneiden, die sich im Kasten mit trofig-sandiger Erde leicht bewurzeln. Im nächsten Frühjahr auspflanzen.
(Bild Seite 67)

G ✳

 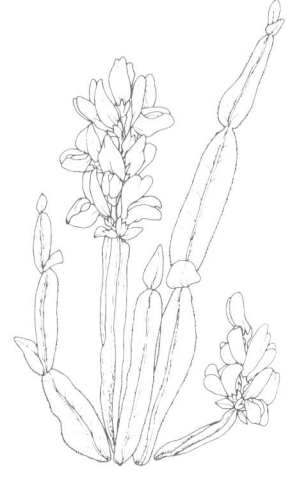

Sandginster
Genista pilosa
Schmetterlingsblütler
(Leguminosae)

Sonnig
Sandig-kiesiger Boden
Mai–Juli

Heimat: Europa
Dieser winterharte, reichblühende Strauch wird bis 45 cm hoch und trägt zahlreiche kleine, gelbe Schmetterlingsblüten, so daß man das Laub kaum sieht. Für Zwergsteingärten eignet sich vor allem die Sorte 'Prostrata', die nicht viel höher als 7,5 cm wird, sich aber über 1,20 m weit ausbreitet.
Haltung: Der Sandginster bevorzugt sonnige Hänge in beliebiger leichter Erde; nicht vertragen wird ein schattiger, feuchter Standort. Im Winter vor Nässe schützen.
Vermehrung: Nicht gerade leicht. Stecklinge bewurzeln sich langsam. Im Spätfrühling weiche Stecklinge um den Rand eines Tontopfes mit einer Mischung aus vier Teilen Sand und einem Teil Torf zu setzen. Die jungen Pflanzen dürfen nicht zu lange im Topf bleiben, da sie Pfahlwurzeln bilden, die beim Herausnehmen beschädigt werden könnten.
(Bild Seite 66)

Flügelginster
Genista sagittalis
Schmetterlingsblütler
(Leguminosae)

Sonnig
Leichter, gut durchlässiger Boden
Mai

Heimat: Mittel- und Südeuropa, Balkan
Kleiner Zwergginster, je nach der Güte des Bodens 10–15 cm hoch, mit verzweigten, aufrechten Sprossen. Diese haben Flügel, die wie Blätter aussehen. Die eigentlichen Blätter sind klein und in der Jugend behaart. Im Sommer erscheinen kleine gelbe Schmetterlingsblüten. Ein guter Bodendecker, breitet sich bis 60 cm weit aus.
Eine ähnliche, aber viel kleinere (nur 5 cm hohe) Pflanze aus Südfrankreich wird in Katalogen unter dem Namen *Genista delphinensis* geführt.
Haltung: Für Steingärten mit magerem, sandigem Boden in praller Sonne gut geeignet.
Vermehrung: Im Sommer weiche Stecklinge um den Rand eines Tontopfes mit einer Mischung aus vier Teilen Sand und einem Teil Torf setzen.
Bemerkung: Heißt neuerdings *Chamaespartium sagittale*.
(Bild Seite 67)

✣ **G**

Stengelloser Enzian
Gentiana acaulis
Enziangewächse
(Gentinanaceae)

Sonnig
Schwerer, lehmiger, feuchter Boden
Juni–Juli

Heimat: Hochgebirge Mittel- und Südeuropas
Ausdauernde, polsterbildende Pflanze von 5–10 cm Höhe. 5–7,5 cm große Trichterblüten erheben sich über mittelgrünen, eirunden Blättern, die ein Polster von 45 cm Durchmesser bilden können.
Haltung: Oft frustrierend – blüht oder auch nicht, ohne erkennbaren Grund. Fühlt sich am wohlsten, wenn er in schwerem Lehmboden fest eingepflanzt wird. Oft umpflanzen, um die Blüte anzuregen. Man hat sogar vorgeschlagen, man müsse absichtlich darauftreten, um sie zum Blühen zu bringen, da dies der Behandlung entspreche, an die er auf den heimatlichen Almen von seiten der Kühe gewöhnt sei.
Vermehrung: Im Hochsommer teilen und in gute, ziemlich schwere, lehmige Erde pflanzen.
Bemerkung: Gilt offiziell als Form von *G. clusii.*
(Bild Seite 68)

Kranz-Enzian
Gentiana septemfida
Enziangewächse
(Gentianaceae)

Sonnig–halbschattig
Beliebiger guter Gartenboden
August–September

Heimat: Kleinasien, Kaukasus
Niederliegende Staude von 20–30 cm Höhe und einem Durchmesser bis 30 cm. Trägt vom Hoch- bis zum Spätsommer endständige Büschel 4 cm langer, blauer Blüten.
Haltung: Zuverlässig – der Enzian für den Anfänger. Pflegeleicht. Ohne besondere Ansprüche, wächst willig in den meisten Böden. Blühwillig. Nur blühende Pflanzen kaufen und darauf achten, daß die Blüten ein schönes, tiefes Blau zeigen.
Vermehrung: Leicht durch Aussaat oder Teilung.
(Bild Seite 69)

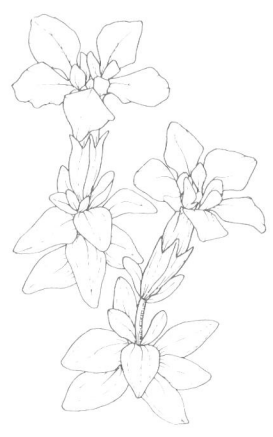

Herbstenzian
Gentiana sino-ornata
Enziangewächse
(Gentianaceae)

Halbschattig
Saurer Boden
September–November

Heimat: Südwestchina
10–15 cm hoch werdende Staude mit festen, schmalen, dunkelgrünen Blättern. Die leuchtend blauen, 5 cm langen, nach oben schauenden Trichterblüten sind dunkelblau und grüngelb gestreift. Es gibt auch mehrere gute, benannte Farbvarianten sowie eine ausgezeichnete weiße Form.
Haltung: Halbschattig oder leicht sonnig unterbringen. Vor praller Sonne und zuviel Feuchtigkeit schützen. Im Winter mit Reisig abdecken.
Vermehrung: Durch Teilung (regelmäßig alle zwei oder drei Jahre im Frühjahr zu Beginn der Wachstumsperiode).
(Bild Seite 69)

Frühlingsenzian
Gentiana verna
Enziangewächse
(Gentianaceae)

Sonnig
Feuchter, torfiger Humusboden
April–Mai

Heimat: Europa bis Sibirien
Ausdauernder, bis 10 cm hoher Enzian mit rosettenartig angeordneten, spitz-eirunden, dunkelgrünen Blättern und tiefblauen Blüten. Häufig verkauft wird die Sorte 'Angulosa', bei der aus einem Tuff von hellgrünen Blättern auf 5–7,5 cm langen Stielen tiefblaue Trichterblüten entspringen. Es gibt auch hellblaue und lila Formen.
Haltung: Nicht ganz leicht zu halten. Gedeiht am besten in humusreicher Erde und an einem sonnigen Standort, sollte jedoch stets genügend feucht gehalten werden. Leider kurzlebig, aber durch junge, aus Samen gezogene Pflanzen ersetzbar. Ausgewachsene Pflanzen nicht umsetzen, da das empfindliche Wurzelsystem leicht beschädigt wird.
Vermehrung: Am besten durch Samen. Im Spätsommer frischen Samen aussäen und pikieren, wenn die Pflänzchen noch ganz klein sind (mit vier Blättchen).

✱ **G**

Storchschnabel
Geranium cinereum
Storchschnabelgewächse
(Geraniaceae)

Sonnig–halbschattig
Sandiger, gut durchlässiger Boden
Juni–Juli

Heimat: Pyrenäen, Süditalien, Balkanhalbinsel
Bis 15 cm hoch werdende Staude mit tief gelappten, graugrünen Blättern. Die ca. 2,5 cm großen, leuchtend karminroten Blüten stehen einzeln auf 15 cm hohen Stielen. Reichblühend vom Hochsommer bis zum Herbst. Die Form 'Subcaulescens' hat größere, aber blassere Blüten. Reizvoller ist die Hybride 'Ballerina' mit etwas graueren Blättern, deren lilarosa Blüten kräftig purpurn geädert sind.
Haltung: In schotterigem Boden an einem sonnigen Platz leicht zu kultivieren. Nicht an eine feuchte Stelle pflanzen. Vorsicht vor Schnecken!
Vermehrung: Durch Aussaat oder Teilung. Pflanzen aus im Spätwinter gesätem Samen können im Frühsommer umgetopft und im nächsten Herbst oder Frühjahr ausgepflanzt werden.
(Bild Seite 69)

Dalmatiner-Storchschnabel
Geranium dalmaticum
Storchschnabelgewächse
(Geraniaceae)

Sonnig
Leichter, gut durchlässiger Boden
Juli–August

Heimat: Jugoslawien und Albanien
Buschige Pflanze von bis zu 30 cm Durchmesser. Die handförmig gelappten, glänzend grünen Blätter haben eine leicht rotorange Tönung, die sich im Herbst verstärkt. Bringt im Sommer längere Zeit hindurch kräftige, 2,5 cm große, reinrosa Blüten hervor. Es gibt auch eine reinweiße Form 'Album'.
Haltung: Ziemlich anspruchslos, verlangt nur pralle Sonne und gute Erde; verträgt keinen Vollschatten.
Vermehrung: Leicht, durch Teilung. Einfach die Pflanze ganz oder teilweise ausgraben und buchstäblich auseinanderreißen. Die Teile bilden schnell adrette Pflanzen, ob im Garten oder im Topf.
(Bild Seite 70)

G ✲

Gebirgsnelkenwurz
Geum montanum
Rosengewächse (Rosaceae)

Sonnig–halbschattig
Beliebiger guter Boden
Mai–Juni

Heimat: Hochgebirge Mittel- und Südeuropas, Korsika
Staude, die Büsche von 20–25 cm Höhe und 20–30 cm Durchmesser bildet. Zu keiner Zeit besonders reich blühend. Blüten 2,5 cm groß und sattgelb, Blätter leierförmig-gefiedert, kraus und behaart. Bildet keine Ausläufer. Gelegentlich sieht man in Gärten die nah verwandte, in den Alpen, Karpaten und dinarischen Alpen beheimatete, kalkfliehende Kriechende Nelkenwurz *(G. reptans)*; sie unterscheidet sich nur durch an Erdbeeren erinnernde Ausläufer, an denen sich neue Pflanzen bilden.
Haltung: Die Gebirgsnelkenwurz gedeiht am besten an einem sonnig–halbschattigen Platz und blüht besser in magerer Erde.
Vermehrung: Durch Teilung im Frühjahr.

Kriechendes Schleierkraut, Gipskraut
Gypsophila repens
Nelkengewächse (Caryophyllaceae)

Sonnig
Kalkhaltiger, durchlässiger Boden
Mai–Juni

Heimat: Gebirge Süd- und Mitteleuropas
Ausdauernde, niedrige (10 cm hohe) Schleierkraut-Art. Die drahtigen Sprosse mit schmalen, graugrünen Blättern bilden ein flaches Polster von 60–80 cm Durchmesser. Auf 7–15 cm hohen Stielen erscheinen kleine, weiße oder rosa Blüten. Es gibt mehrere benannte Sorten; 'Letchworth Rose' blüht rosa.
Haltung: Kalkliebend, gedeiht aber auch ganz gut auf sauren Böden, jedoch nicht im Schatten. Macht sich ausgezeichnet, wenn es über Felsen, Mauern oder den Rand eines Hochbeets hinabkriecht. Blüht eventuell noch einmal im September.
Vermehrung: Durch Aussaat oder Stecklinge. Im Frühsommer vor der Blüte Stecklinge schneiden und in den Sandkasten setzen; in lehmige Erde umtopfen. Im ersten Jahr nicht zum Blühen kommen lassen.
(Bild Seite 71)

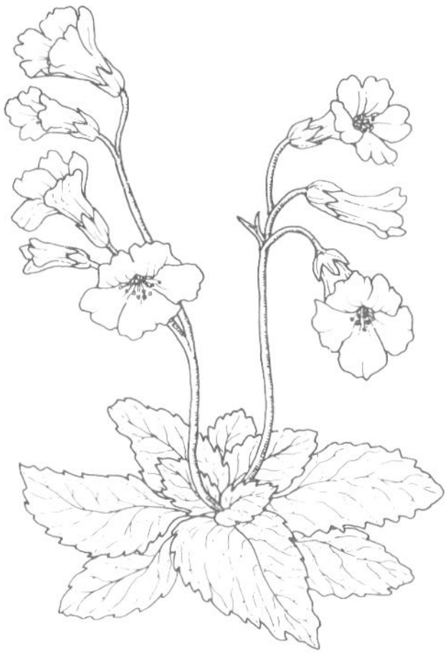

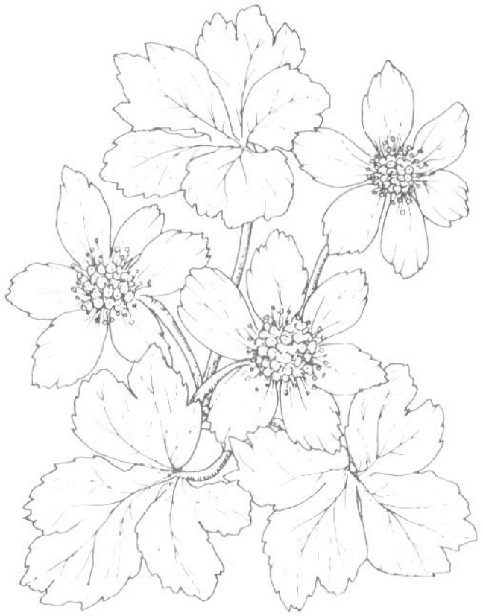

Haberlea

Haberlea ferdinandi-coburgii
Gesneriengewächse
(Gesneriaceae)

Schattig
Kalkfreier Boden
Mai–Juni

Heimat: Nordbulgarien
Niedrige (bis 15 cm hoch werdende) Staude. Aus einer Rosette dicker, dunkelgrüner Blätter entspringt im Spätfrühling ein 15 cm hoher Stengel, der bis zu vier blaßlila Trichterblüten mit gekrausten Blütenblättern trägt.
Haltung: Gehört zu einer kleinen Gruppe von Pflanzen, die auf der Seite liegend eingepflanzt werden müssen, damit sich im Winter keine Nässe in der Rosette einnistet. Ideal für ein schattiges Plätzchen – ein nach Norden gerichtetes Torfbeet oder eine schattige Spalte im Steingarten; eignet sich nicht für einen sonnigen Standort. Liebt humusreiche Erde.
Vermehrung: Durch Samen, Abtrennen von Jungsprossen und durch Blattstecklinge im Frühsommer. Man wählt dazu Blätter aus der Mitte der Rosette, da ältere Blätter kein so gutes Ergebnis bringen.

Schaftdolde

Hacquetia epipactis
Doldenblütler (Umbelliferae)

Halbschattig
Lehmiger Humusboden
April–Mai

Heimat: Schattige Laubwälder der Ostalpen und Karpaten
10–20 cm hohe Staude. Im Frühjahr erscheinen zuerst die Blüten als kleine gelbe Punkte auf dem Erdboden, ehe sie herauswachsen, größer werden und sich schließlich mit einem Kranz von fünf grünen Blättern umgeben. In diesem Zustand verharren sie eine ganze Weile. Im Sommer stirbt die Pflanze ab. Breitet sich nicht übermäßig aus, bildet einen Hügel von höchstens 20–30 cm Durchmesser.
Haltung: Braucht einen kühlen Standort. Der ideale Platz scheint das Torfbeet zu sein, in schwererem Boden wächst sie aber auch. Gedeiht sehr gut in Nordlagen, verträgt keine pralle Sonne. Nicht vergessen, die Stelle zu bezeichnen, da die Blätter sehr früh vergehen.
Vermehrung: Leicht durch Teilung und Aussaat. Verträgt Umpflanzen nicht, daher im Frühjahr vor Beginn des Wachstums teilen.
(Bild Seite 71)

Oben: *Fritillaria meleagris* wächst wild in feuchten Wiesen – ein Hinweis auf die Bedürfnisse der Pflanze im Garten. Nach dem Einpflanzen in Ruhe und sich selbst aussäen lassen. Siehe Seite 57.

Oben: *Fritillaria pallidiflora* ist für den Steingarten recht hoch, die Blätter vergehen jedoch recht schnell. Siehe Seite 58.

Rechts: *Gaultheria procumbens* ist eine etwas robuste Polsterpflanze mit prächtigen Beeren und schöner Laubfärbung im Herbst. Siehe Seite 58.

Links unten: *Genista pilosa* var. *prostrata,* ein niederliegender Strauch mit winzigen, gelben Blüten. Siehe Seite 59.

Rechts unten: *Genista sagittalis* trägt goldgelbe Blüten auf aufrechten Sprossen. Siehe Seite 59.

67

Oben: *Gentiana acaulis* trägt an seinem natürlichen Standort tief dunkelblaue Trichterblüten, die aber im Garten manchmal ausbleiben. Siehe Seite 60.

Oben: *Gentiana septemfida* läßt sich leicht aus Samen ziehen und bietet im Spätsommer ein willkommenes farbiges Bild. Siehe Seite 60.

Rechts: *Gentiana sino-ornata* ziert im Herbst den Steingarten mit blauen Blüten. Siehe Seite 61.

Unten: *Geranium cinereum* 'Ballerina', eine entzückende, kleine Hybride, bringt im Sommer untertassenähnliche, lilarosa Blüten mit kräftiger, purpurner Äderung hervor, kann aber auch später noch gelegentlich einige Blüten ansetzen. Siehe Seite 72.

Oben: *Gypsophila repens* 'Letchworth Rose' läßt man am besten über eine Mauer oder Felswand hinabhängen. Siehe Seite 63.

Links: *Geranium dalmaticum* erfreut im Sommer lange Zeit mit rosaroten Blüten, im Herbst durch die rötliche Tönung des Laubes. Siehe Seite 62.

Rechts: *Hacquetia epipactis*, eine etwas seltsame, kleine Pflanze, bildet die Blüten unter der Erde und schiebt sie im zeitigen Frühjahr nach und nach an die Oberfläche. Siehe Seite 64.

Oben links: *Hebe vernicosa* gehört zu den staudenartigen Ehrenpreis-Arten für den Steingarten. Siehe Seite 81.

Rechts oben: *Helichrysum bellidioides* bildet bodendeckende Polster, aus denen im Sommer »Strohblumen« wachsen. Siehe Seite 82.

Links: *Helianthemum* × 'Ben Dearg' ist eine äußerst reizvolle, sehr widerstandsfähige Sonnenröschen-Hybride. Siehe Seite 82.

Unten: *Houttuynia cordata,* ein robuster Bodendecker, benötigt viel Feuchtigkeit und fühlt sich in Teichnähe am wohlsten. Siehe Seite 83.

Oben: *Hypericum olympicum*
'Citrinum' ist die kleine, bescheidene
Ausgabe unseres Johanniskrautes.
Siehe Seite 84.

Rechts: *Iberis sempervirens* 'Little
Tem', eine adrette Ausgabe der
Schleifenblume, die einen ordentlichen
Busch bildet. Siehe Seite 85.

Oben: *Iris cristata*, eine der zierlichsten *Iris*-Arten, gedeiht am besten im Halbschatten. Siehe Seite 86.

Rechts: *Ipheion uniflorum*, ein frühblühendes Zwiebelgewächs, dessen Platz bezeichnet werden muß, da die Blätter sehr bald vergehen. Siehe Seite 85.

Links unten: *Iris douglasiana,* eine kräftige, pflegeleichte Pflanze, gedeiht in Böden aller Art und verträgt sowohl Sonne als auch Schatten.
Siehe Seite 86.

Rechts: *Iris innominata* ist äußerst variabel, fühlt sich an einem etwas sonnigen Standort wohl, liebt humusreiche Erde und verträgt keinen Kalk. Siehe Seite 87.

Links: *Lamium maculatum* 'Beacon Silver', eine ziemlich neu eingeführte Taubnessel, ist sehr anpassungsfähig und erweist sich als höchst wertvoll zur Auffüllung von Ecken. Siehe Seite 88.

Rechts: *Lavandula stoechas* aus dem Mittelmeerraum hat sich wider Erwarten als winterhart erwiesen. Die seltsam geformten Blüten erscheinen im Sommer. Siehe Seite 89.

Unten: *Leontopodium alpinum,* das sagenumwobene Edelweiß der Alpen, soll angeblich in unerreichbaren Felsspalten wachsen, ist aber mühelos in Schutt und auf Wiesen zu finden. Braucht ein sonniges Fleckchen. Siehe Seite 90.

Oben: *Lewisia cotyledon* gehört zu einer Gattung sehr beliebter Felspflanzen aus Nordamerika. Sie sind fast sukkulent und müssen im Winter vor Nässe geschützt werden. Siehe Seite 90.

Unten: *Linum narbonense* eignet sich wegen seiner Zierlichkeit für den Steingarten. Siehe Seite 91.

H ✶

Strauchveronika
Hebe armstrongii
Braunwurzgewächse
(Scrophulariaceae)

Sonnig
Beliebiger, gut durchlässiger Boden
Mai–Juni

Heimat: Neuseeland
Immergrüner, reich verzweigter Strauch, der bis 60 cm hoch werden kann. Blätter gegenständig und dicht aufeinanderfolgend, ledrig und stumpf zugespitzt, matt grün. Die weißen Blüten erscheinen an den Zweigenden in Büscheln.
Haltung: Mehrere *Hebe*-Arten eignen sich für den Steingarten, wo sie vielfach mehr wegen der Blätter als wegen der Blüten gehalten werden. Manche sind nicht unbedingt winterhart, aber *Hebe armstrongii* verträgt auch Frost.
Vermehrung: Im Spätsommer durch Stecklinge im Torf-Sandkasten. Wegen des langsamen Wachstums sind geeignete Stecklinge schwer zu finden. Sie müssen im ersten Winter während der Bewurzelung vor Frost geschützt werden.

Strauchveronika
Hebe vernicosa
Braunwurzgewächse
(Scrophulariaceae)

Sonnig
Neutraler, gut durchlässiger Boden
Juli–August

Heimat: Neuseeland (von Meereshöhe bis 1500 m)
Gedrungener, 20 cm hoher Busch mit rötlichbraunen Zweigen und dicken, fleischigen, mittelgrünen, an der Spitze blaßgelben Blättern, trägt im Hochsommer 2,5 cm breite Blütenstände mit kristallweißen Blüten. Die *Hebe*-Arten wurden bis vor kurzem zur Gattung *Veronica* gestellt, sind aber wegen ihrer strauchigen Wuchsform abgetrennt worden. Sie werden hauptsächlich wegen der interessanten Laubfärbung gepflegt.
Haltung: *H. vernicosa* hat sich ebenfalls als winterhart erwiesen. Da die Pflanze nicht sehr schnellwüchsig ist, muß man achtgeben, daß sie nicht von anderen Pflanzen im Steingarten überwuchert wird.
Vermehrung: Im Hoch- bis Spätsommer von nichtblühenden Sprossen Stecklinge mit einem Auge schneiden und in den Sandkasten setzen; im Herbst, wenn sie sich bewurzelt haben, eintopfen und im nächsten Frühjahr auspflanzen.
(Bild Seite 72)

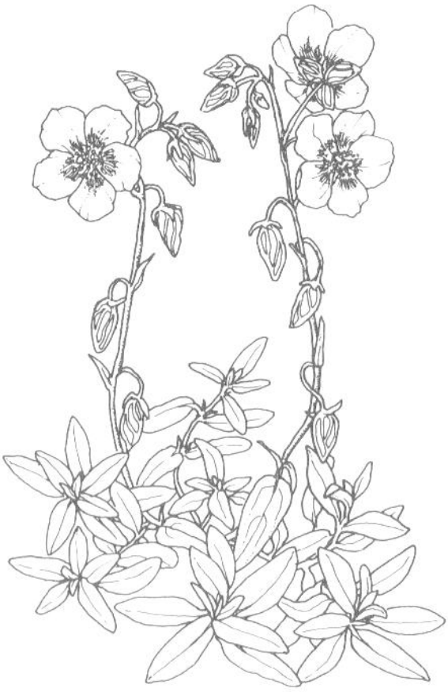

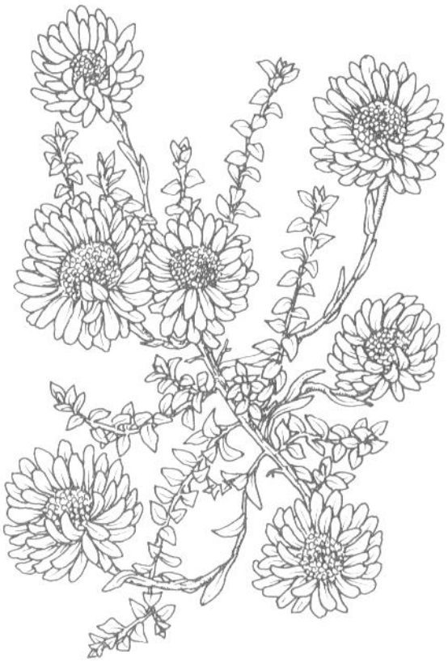

Sonnenröschen
Helianthemum nummularium
Cistrosengewächse
(Cistaceae)

Sonnig
Beliebiger, gut durchlässiger Boden
Mai–Juni

Heimat: Europa mit Ausnahme des Nordens
Niederliegender, bis 10 cm hoch werdender Halbstrauch mit kurzgestielten, dunkelgrünen Blättern. Sonnenröschen sind überaus reichblühend und bieten im Sommer ein prächtiges Bild. Die Farbskala reicht von Gelb bis Tieforange und von Rosa bis Dunkelrot.
Haltung: Sonnenröschen lieben die Sonne und gedeihen auf sauren wie auf basischen Böden. Sie wuchern allerdings und breiten sich 60 cm weit aus, so daß sie weniger kräftige Pflanzen erdrücken können; daher ist Vorsicht bei der Standortwahl geboten. Nach der Blüte kräftig zurückschneiden.
Vermehrung: Leicht. Im Hoch- bis Spätsommer Stecklinge von nichtblühenden Sprossen nehmen und in einen Torf-Sandkasten setzen. Wenn sich die Pflanzen im Topf eingerichtet haben, die Triebspitzen abkneifen.
(Bild Seite 72)

Strohblume, Immortelle
Helichrysum bellidioides
Korbblütler (Compositae)

Sonnig
Leichter, gut durchlässiger Boden
Juli–September

Heimat: Neuseeland
Niederliegender, nur 2–3 cm hoch werdender Strauch mit einer Ausdehnung von 30–60 cm. Im Sommer erscheinen 2 cm breite, endständige Schirmtrauben unvergänglicher Blüten. Die Blätter sind oberseits reizend dunkelgrün und unterseits filzig-weiß.
Haltung: Wächst gern in Felsspalten und kriecht über steinigen Boden. Ist im Garten etwas aggressiv und kann bescheidenere Pflanzen überwuchern. Braucht unbedingt ein warmes, sonniges, gut entwässerndes Eckchen.
Vermehrung: Im Sommer 1,5 cm lange, weiche Stecklinge schneiden und in den Sandkasten setzen; sie können im Herbst oder im nächsten Frühjahr ausgepflanzt werden. Auch Teilung im Sommer ist möglich.
(Bild Seite 73)

H

Leberblümchen
Hepatica transsylvanica
Hahnenfußgewächse
(Ranunculaceae)

Schattig–halbschattig
Lockerer Laubwaldhumusboden
März–April

Heimat: Karpaten
Ähnlich unserem weitverbreiteten Leberblümchen *(H. nobilis)*; mit leicht filzigen, dreilappigen, am Rande etwas eingezogenen Blättern. Die lilablauen, 2,5 cm großen Blüten auf 10–15 cm hohen Stielen erscheinen erfreulicherweise sehr zeitig im Frühjahr.
Haltung: Diese Waldblume braucht einen schattigen oder halbschattigen Standort und torfige Lauberde; sauren Böden muß Kalk zugesetzt werden. Ideal für den Torfgarten.
Vermehrung: Nur große Pflanzen, die umgesetzt werden müssen, können im Herbst geteilt und die Teile im schattigen Glaskasten überwintert werden. Samen werden grün ausgesät.

Houttuynie
Houttuynia cordata
Molchschwanzgewächse
(Saururaceae)

Sonnig
Beliebiger, feuchter bis sumpfiger Boden
Juni

Heimat: Ostasien
Diese Sumpfstaude wird ca. 30–60 cm hoch. Die aufrechten Stiele tragen herzförmige Blätter mit fast metallischem Glanz. Im Sommer erscheinen endständige, walzenförmige, kurze Blütenähren, die von 4 weißen Hochblättern umgeben sind. Die ganze Pflanze verbreitet einen scharfen Geruch, den manche Leute unangenehm finden.
Haltung: Wertvoll als Bodendecker an feuchten oder überfluteten Standorten, auch am Rand eines Teiches, da sie auch im Wasser gedeiht. Darf nie austrocknen. Unter günstigen Umständen breitet sie sich schnell durch unterirdische Ausläufer aus. Vor Frost schützen!
Vermehrung: Durch Teilung im Frühjahr oder Herbst. Stücke des unterirdischen Stammes mit wachsenden Sprossen eintopfen und wachsen lassen, bis sie sich gut bewurzelt haben.
(Bild Seite 73)

✱ **H**

Alpen-Gemskresse
Hutchinsia alpina
Kreuzblütler (Cruciferae)

Sonnig–halbschattig
Neutraler, gut durchlässiger Boden
Mai–Juni

Heimat: Hochgebirge Europas
Ausdauernde, 5 cm hohe, büschelige Staude mit charakteristischem dunkelgrünem, fast farnähnlichem Laub; trägt im Frühsommer reinweiße Blüten, die in Trauben auf niedrigen, blattlosen Stengeln stehen.
Haltung: Verlangt einen kühlen, eher schattigen Standort – etwa im Torfgarten – und einen stets feuchten Boden. Macht sich auch gut zwischen Steinplatten, wenn die Wurzeln kühl bleiben können.
Vermehrung: Durch Aussaat von frischem Samen im Hochsommer, wobei im nächsten Frühjahr ausgepflanzt werden kann, oder durch Teilung im Frühjahr, wobei sofort ins Freiland gepflanzt werden kann.

Johanniskraut
Hypericum olympicum
Johanniskrautgewächse (Hypericaceae)

Sonnig
Sandig-lehmiger Boden
Juni–Juli

Heimat: Südosteuropa, Kleinasien
Niedriger, kleiner Strauch mit aufrechten, 20–25 cm hohen Stengeln, an denen eirunde, gegenständige, grasgrüne, blaugrün punktierte Blätter sitzen. An den Zweigenden erscheinen 5 cm große, zitronengelbe Blüten mit Staubfäden von ähnlicher Farbe.
Haltung: Verlangt einen sonnigen Standort und einen trockenen, gut durchlässigen Boden. Vor allzu großer Feuchtigkeit schützen!
Vermehrung: Sät sich selbst aus. Leider sind die Samen nicht sortenecht, daher schneidet man besser im späten Frühjahr weiche Stecklinge von guten Formen und setzt sie in einen Torf-Sand-Kasten. Die jungen Pflanzen können im nächsten Frühjahr ausgepflanzt werden.
(Bild Seite 74)

Immergrüne Schleifenblume
Iberis sempervirens
Kreuzblütler (Cruciferae)

Sonnig
Beliebiger Boden
Mai

Heimat: Südeuropa bis Kleinasien
Immergrüner Halbstrauch mit linealischen dunkelgrünen Blättern und weißen Blütendolden. Die Wildform mit 20–25 cm Höhe und 45–60 cm Durchmesser eignet sich nur für einen größeren Steingarten, für den durchschnittlichen oder kleinen Steingarten empfiehlt sich die Sorte 'Little Gem', die nur 10 cm Höhe und 25 cm Durchmesser erreicht. Sie hat etwas kleinere Blütenköpfe und reizende dicke, grünliche Knospen.
Haltung: Verträgt keinen Vollschatten, verlangt sonnigen bis halbschattigen Standort bei normalem Gartenboden.
Vermehrung: Leicht. Zwischen Hoch- und Spätsommer kurze (bis 5 cm lange), weichholzige Stecklinge von nichtblühenden Sprossen schneiden und in den Torf-Sand-Kasten setzen. Die bewurzelten Stecklinge im ungeheizten Glaskasten in einer Pflanzmischung überwintern.
(Bild Seite 75)

Brodiäe
Ipheion uniflorum
Liliengewächse (Liliaceae)

Sonnig
Sandiger, gut entwässernder Boden
März–April

Heimat: Südamerika (Peru)
Reichblühendes krautiges Zwiebelgewächs. Mehrere 15 cm hohe Stiele tragen eine sternförmige Trichterblüte, deren Farbe von weiß bis tiefblau variiert; einige Farbvarianten haben Sortennamen. Die Zwiebeln und die blaßgrünen Blätter sollen nach Zwiebeln riechen.
Haltung: Attraktive Gartenpflanze, die ein sonniges, gut entwässerndes Fleckchen benötigt, an dem sie nicht gestört wird. Die Stelle muß bezeichnet werden, da die Blätter bald nach der Blüte einziehen. Vor Frost schützen.
Vermehrung: Ausgraben, am besten gleich nach der Blüte, und die Kindel abnehmen. Diese nicht trocken werden lassen, sondern gleich einpflanzen.
Bemerkung: Der Name der Pflanze ist mehrfach geändert worden; sie wird in Katalogen auch als *Brodiaea*, *Milla*, *Tritelia* und *Tristagma* geführt.
(Bild Seite 77)

Zwergiris
Iris cristata
Schwertliliengewächse
(Iridaceae)

Halbschattig
Neutraler, nicht zu feuchter Boden
Mai–Juni

Heimat: Östliches Nordamerika
Es ist äußerst schwer, eine repräsentative Auswahl aus dieser Gattung vorzuschlagen, die dem Steingarten so viel zu bieten hat.
I. cristata ist als eine der besten Zwergiris-Arten bezeichnet worden. Der Wurzelstock bringt einen bis 15 cm hohen Blattfächer hervor, aus dem 1–2 Blüten mit ca. 3–4 cm Durchmesser entspringen. Die Farbe variiert von Lila bis Purpurrot oder Violett, die allgemein verbreitete Form ist lilablau.
Haltung: Bei halbschattigem Standort den Boden eher trocken als zu naß halten.
Vermehrung: Die Pflanze muß von Zeit zu Zeit ausgegraben, geteilt und wieder eingepflanzt werden, da der Mittelpunkt leicht vergeht.
(Bild Seite 76)

Schwertlilie, Iris
Iris douglasiana
Schwertliliengewächse
(Iridaceae)

Sonnig–schattig
Beliebiger Boden
Juni

Heimat: Pazifikküste Nordamerikas
Ganz unempfindliche, reichblühende Iris, 15–70 cm hoch, mit bis 2 cm breiten Blättern; die verzweigten Stiele tragen im Frühsommer 7–10 cm große Blüten, deren Farbe sehr stark variiert, von Lavendel- bis Purpurfarben, mit dunkleren Adern und einem gelblichen Fleck auf den äußeren Blütenblättern.
Haltung: Wächst in ihrer Heimat in Wiesen und lichten Wäldern, gedeiht daher im Steingarten am besten an einem kühlen Standort, begnügt sich jedoch mit jeglichem Boden. Junge Pflanzen dürfen nie austrocknen.
Vermehrung: Im Herbst oder Frühjahr bei 7–10° C in eine Saatmischung säen. Die Keimlinge im Frühjahr auspflanzen, wenn sie noch ganz klein sind, da ältere Wurzelstöcke keine Störung vertragen. Zur Erhaltung einer guten Form im Herbst einen jungen Wurzelstock abnehmen und verpflanzen.
(Bild Seite 76)

Schwertlilie, Iris
Iris innominata
Schwertliliengewächse
(Iridaceae)

Sonnig
Guter, kalkfreier Boden
Juni

Heimat: Oregon (Westliches Nordamerika)
Mit vielen schmalen, 15–25 cm hohen Blättern, trägt auf ebenso hohen Stielen je eine 6,5–7,5 cm große, reizvoll proportionierte Blüte in verschiedenen Schattierungen. Die Farbe variiert von Blau bis Violett und von Gelb bis Bronze.
Haltung: Verträgt keinen Kalk, gehört daher ins offene Torfbeet oder in den Steingarten mit humusreicher Erde. Die Erfahrungen mit dieser Pflanze sind unterschiedlich. Bei richtiger Erde und Feuchtigkeit kann sie pralle Sonne vertragen.
Vermehrung: Durch Teilung oder Aussaat. Für die Vermehrung durch Teilung nur gute Formen wählen.
(Bild Seite 77)

Schwertlilie, Iris
Iris reticulata
Schwertliliengewächse
(Iridaceae)

Sonnig–halbschattig
Beliebiger, gut durchlässiger Boden
März

Heimat: Kleinasien, Kaukasus, Iran
Ca. 30 cm hoch werdendes Zwiebelgewächs mit schmalen, kantigen Blättern. Die ca. 6–8 cm großen Blüten stehen auf 15 cm hohen Stielen; ihre Farbe variiert von Hellblau bis Tiefviolett. Einige dieser Farbvarianten tragen Sortennamen: 'Harmony' ist tiefblau, 'Cantab' ist schön hellblau, 'J. S. Dijt' ist charakteristisch tief purpurrot.
Haltung: Die Wurzelstöcke im Herbst einpflanzen. Gedeiht in leichter, gut durchlässiger, leicht kalkhaltiger Erde. Vor Frost schützen.
Vermehrung: Durch Teilung des Wurzelstocks im Hochsommer. Bei der Vermehrung durch Samen variiert das Ergebnis.

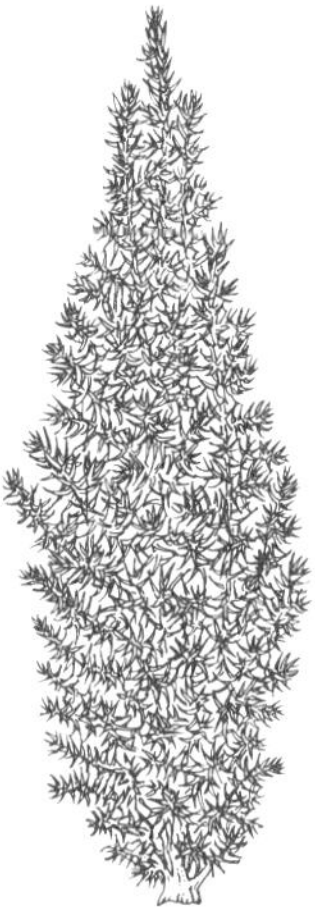

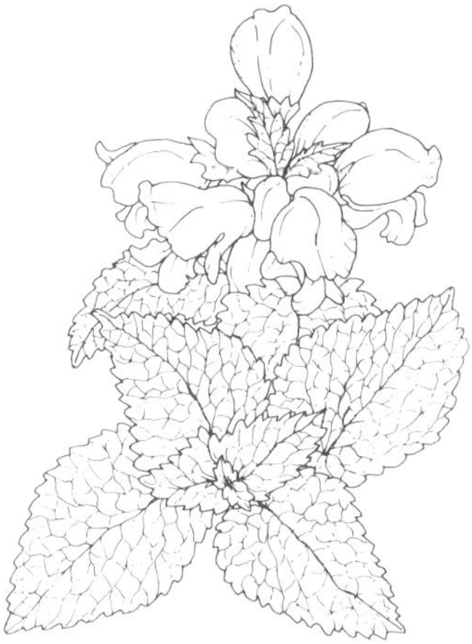

Gemeiner Wacholder
Juniperus communis
Zypressengewächse
(Cupressaceae)

Sonnig–schattig
Beliebiger, gut durchlässiger Boden
April

Heimat: Nördliche gemäßigte Zone
J. communis ist eine der adrettesten Koniferen und in vielen Formen zu erhalten. Sie bildet eine aufrechte Säule, die bis zu 10 m hoch werden kann, dazu aber viele Jahre braucht. Wirkt besonders in Gruppen – falls Platz vorhanden ist – und gedeiht sehr gut in Trögen. Im Steingarten ist ihr Platz unterhalb eines Felsens – obenauf wirken sie unnatürlich.
Haltung: Nicht an eine feuchte Stelle pflanzen.
Vermehrung: Im Hochsommer grüne junge Sprosse an einer Stelle abnehmen, wo dies das Aussehen nicht beeinträchtigt; die Sprosse müssen am Grunde etwas verholzt sein. In einen Sandkasten setzen, wo sie möglicherweise überwintern müssen, ehe sie eingetopft werden können.

Gefleckte Taubnessel
Lamium maculatum
Lippenblütler (Labiatae)

Sonnig–schattig
Lockerer Laubhumusboden
Juni–August

Heimat: Mittel- und Südeuropa
Bodendeckende Staude, die einen Teppich von gut 1,5 m Durchmesser bildet. Die erst kürzlich eingeführte Sorte 'Beacon Silver' hat höchst attraktive silberne, grün gerandete Blätter – die blauvioletten Taubnesselblüten sind hübsch, aber unbedeutend. Im Spätsommer bekommen die Blätter kleine bunte Flecken, passend zu den Blüten.
Haltung: Fühlt sich in der Sonne wie im Schatten wohl, zeigt aber in praller Sonne schönere Laubfärbung.
Vermehrung: Durch Teilung im Frühjahr zu Beginn des Wachstums.
(Bild Seite 78)

Schopf-Lavendel
Lavandula stoechas
Lippenblütler (Labiatae)

Sonnig
Trockener, kalkhaltiger Boden
Juli–September

Heimat: Mittelmeerländer
Kleiner, bis 30 cm hoher Busch. Trägt im Sommer etwas merkwürdige, vierseitige Scheinähren aus dunkelvioletten Blüten, an deren Spitze ein Schopf aus eiförmigen, purpurroten Hochblättern steht, der erhalten bleibt, wenn die Blüten längst verwelkt sind. Blätter linealisch und graugrün.
Haltung: Braucht ein sonniges Fleckchen für sich allein. Etwas empfindlich, aber dafür kann man sich einen Vorrat junger Pflanzen halten.
Vermehrung: Entweder im Februar in eine Saatmischung pflanzen, oder im Frühherbst Stecklinge von nichtblühenden Sprossen schneiden und im Glaskasten überwintern.
(Bild Seite 79)

Sandmyrte
Leiophyllum buxifolium
Heidekrautgewächse (Ericaceae)

Halbschattig
Feuchter Torfboden
Mai–Juni

Heimat: Östliches Nordamerika
Immergrüner, gut 30 cm hoher Busch mit kleinen, runden, glänzend grünen, ledrigen Blättern; trägt im Frühsommer endständige, 2,5 cm große Doldenrispen fünfzähliger, sternförmiger, weiß-rosafarbener Blüten. Am attraktivsten, wenn die ungeöffneten Blüten im rosa Knospenstadium sind.
Haltung: Eignet sich nicht für einen heißen, sonnigen Platz; gedeiht am besten an einem ziemlich feuchten Standort, daher ideal für den Torfgarten. Besonders junge Pflanzen benötigen Feuchtigkeit. Möchte etwas Licht, aber keine pralle Sonne. Kalkfliehend.
Vermehrung: Im Hoch- bis Spätsommer Stecklinge mit einem Auge schneiden und in einen schattierten Kasten mit Torfmischung setzen. Umtopfen, auskneifen und den ersten Winter über im Glaskasten halten.

✼ **L**

Edelweiß
Leontopodium alpinum
Korbblütler (Compositae)

Sonnig
Kalkreicher, gut entwässernder Boden
Juni–August

Heimat: Hochgebirge von den Pyrenäen bis zur Mongolei
Bis 20 cm hoch werdende Staude. Bildet einen Horst aus schmalen grauen, grundständigen Blättern; aus ihm entspringt ein 15 cm hoher Stiel mit einem endständigen Körbchen kleiner Blüten, die man am besten als strahlenlose Gänseblümchen bezeichnen kann. Die ganze Pflanze ist mit weißen, filzigen Haaren bedeckt.
Haltung: Benötigt einen sonnigen Standort auf gut durchlässigem, kalkhaltigem Boden. Am besten in die Nähe einer farbigeren Pflanze setzen – entweder um deren Farben zu mildern oder um ihre eigene Farblosigkeit zu betonen.
Vermehrung: Durch Aussaat im Winter. Im Frühjahr pikieren und im Herbst auspflanzen.
(Bild Seite 78–79)

Bitterwurz, Markisenblume
Lewisia cotyledon
Portulakgewächse (Portulacaceae)

Sonnig–halbschattig
Sandiger, gut durchlässiger, kalkfreier Boden
Juni–August

Heimat: Kalifornien
Die Gattung *Lewisia* enthält viele prächtige Pflanzen, die für den Steingarten unentbehrlich sind. Immergrüne, ziemlich große, strahlige Rosetten bildende Pflanze mit dickem Wurzelstock. Blätter fleischig und nahezu sukkulent. Im Frühsommer entspringen aus ihnen 15–30 cm hohe, rispenartige Blütenstände mit vielen weiß oder scharlachrot gestreiften Blüten.
Haltung: Gedeiht bei reichlicher Ernährung in kiesiger, gut durchlässiger Erde, bevorzugt saure Böden. Darauf achten, daß im Winter keine Feuchtigkeit die Blätter zum Faulen bringt. Eignet sich ausgezeichnet für das Alpinum-Gewächshaus, in dem sie nach der Blüte eine Zeitlang abtrocknen möchte.
Vermehrung: Durch Samen.
(Bild Seite 80)

L ✳

Moosglöckchen
Linnaea borealis
Geißblattgewächse
(Caprifoliaceae)

Schattig
Feuchter, humoser Boden
Juni–August

Heimat: Alpen, Sudeten, Karpaten, Kaukasus sowie das nördliche Eurasien und Nordamerika Bodendeckender Nadelwaldbewohner. Kriechende, drahtige Zweige bilden ein bis 60 cm breites Polster, aus dem im Sommer mehrere 5 cm lange Stiele mit je zwei zarten rosa Blütenglöckchen entspringen.
Haltung: Verträgt keine pralle Sonne. Ideal ist ein kühler, schattiger Standort oder ein Torfbeet in Nordlage. Boden am besten mit Tannen- oder Kiefernnadeln anreichern. Im Winter etwas vor Frost schützen.
Vermehrung: Aus Stecklingen oder durch Teilung. Die Ausläufer müssen, damit sie bewurzeln, niedergehalten und im nächsten Frühjahr abgenommen werden, damit sie im Herbst umgetopft und ausgepflanzt werden können.

Lein
Linum narbonense
Leingewächse (Linaceae)

Sonnig
Kalkhaltiger Boden
Juni–Juli

Heimat: Westliche Mittelmeerländer Eine für den kleineren Steingarten recht hohe Pflanze, aber die eleganten, geschwungenen, 20–50 cm langen Zweige sind so dünn, daß sie nicht zu grobschlächtig wirken. Bringt im Sommer nacheinander 2,5 cm große, sattblaue, endständige Blüten hervor. Blätter lanzettlich, hellgrün.
Haltung: Anspruchslos in bezug auf Standort und Erde. Gedeiht jedoch besser auf kalkhaltigen Böden an sonnigem Standort.
Vermehrung: Durch Aussaat oder Stecklinge. Im Winter säen, im Frühjahr eintopfen und im Hoch- bis Spätsommer auspflanzen oder im Frühjahr weiche Stecklinge von der Basis oder im Spätsommer festere Stecklinge abnehmen.
(Bild Seite 80)

✳︎ **L**

Steinsame
Lithodora diffusa
Rauhblattgewächse
(Boraginaceae)

Sonnig
Saurer, gut entwässernder Boden
Mai–Juni

Heimat: Westliche Mittelmeerländer
Niederliegender Zwergstrauch mit dunkelgrünen, rauhen Blättern, bildet ein 60 cm breites Polster, das sich im Frühsommer mit tiefblauen Blüten bedeckt. Die ursprüngliche Art findet man heutzutage selten; sie wird durch benannte Sorten ersetzt.
Haltung: Kalkfliehend. Wächst bevorzugt auf sandigem Boden mit viel Torf und Laubstreu sowie ausreichender Feuchtigkeit und in praller Sonne. Vor Frost schützen. Am besten einige bewurzelte Stecklinge frostfrei überwintern.
Vermehrung: Durch Stecklinge, die am besten von Mitte Juli bis Mitte August geschnitten werden. Vor und nach dem Schneiden gießen.
Bemerkung: Wird vielfach noch unter dem Namen *Lithospermum diffusum* geführt.
(Bild Seite 97)

Lithophragma
Lithophragma parviflora
Steinbrechgewächse
(Saxifragaceae)

Halbschattig
Laubhumusboden
Mai–Juni

Heimat: Nordamerika
Bodendeckende Pflanze mit dreilappigen Blättern, deren Lappen wieder dreiteilig sind. 15 cm hohe Stiele tragen Blütenköpfe mit tief eingeschnittenen, blaßrosa bis weißen Blüten. Diese sind zwar klein, aber so zahlreich, daß sie einen entzückenden Anblick bieten.
Haltung: Waldpflanze, die in torfiger Erde und leichtem Schatten gedeiht, besonders geeignet für den Torfgarten mit Teilschatten. Verträgt keine basischen Böden. Gehört zu den Pflanzen, die sich in einem bestimmten Garten entweder so wohl fühlen, daß sie wuchern, oder sich nur ganz langsam ansiedeln.
Vermehrung: Durch Teilung im zeitigen Frühjahr, wenn das Wachstum beginnt.
(Bild Seite 97)

L ✽

 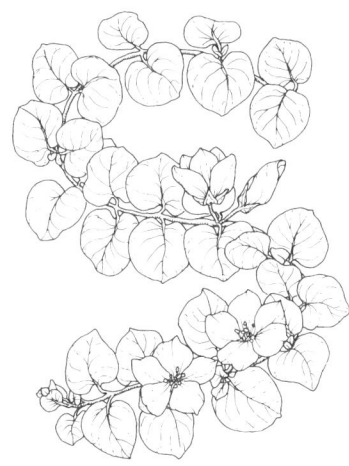

Alpen-Pechnelke
Lychnis alpina
Nelkengewächse
(Caryophyllaceae)

Sonnig
Feuchter, kalkfreier Boden
Juni–August

Heimat: Pyrenäen, Alpen, Apennin sowie nördliches Eurasien und Nordostamerika
Bis 15 cm hoch werdende, rasenbildende Staude. Aus einer grundständigen Rosette schmaler, dunkelgrüner Blätter entspringt zwischen Spätfrühling und Hochsommer ein 10–15 cm hoher Stiel mit einem dichten, endständigen Köpfchen leuchtend rosafarbener Blüten.
Haltung: Kalkfliehend, fühlt sich am wohlsten in feuchter, kalkfreier Erde. Keine typische Torfbeetpflanze, da sie pralle Sonne braucht.
Vermehrung: Leicht durch Aussaat im Spätwinter in eine Saatmischung auf Torfgrundlage. Nach einem Monat pikieren und umtopfen, im Spätfrühling auspflanzen. Gilt als kurzlebig, daher immer einen Vorrat bereithalten.
Bemerkung: Hieß zeitweilig *Viscaria alpina*.

Pfennigkraut
Lysimachia nummularia
Primelgewächse
(Primulaceae)

Sonnig–halbschattig
Beliebiger, feuchter Boden
Mai–Juli

Heimat: Europa
Sich stark ausbreitende, kriechende Pflanze, die sowohl wegen der Blätter wie wegen der Blüten einen Platz im Steingarten verdient. Blätter gegenständig, oval, gelblichgrün; im Hochsommer erscheinen in den Blattwinkeln becherförmige gelbe Blüten.
Haltung: Wächst in der Natur am Wasser und gedeiht am besten an einem feuchten Platz, hat sich aber im Garten auch an trockenere Standorte gewöhnt.
Vermehrung: Durch Teilung und Umpflanzen im Sommer; die Teile unbedingt feucht halten.

✶ **M/N**

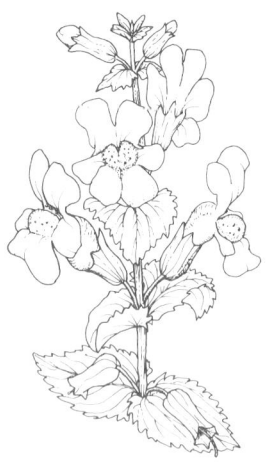

Gelbe Gauklerblume
Mimulus guttatus
Braunwurzgewächse
(Scrophulariaceae)

Sonnig–halbschattig
Feuchter, gut durchlässiger Boden
Juni–August

Heimat: Nordamerika; in Europa eingebürgert
Krautige Staude mit 15–20 cm hohen Stielen, die 4 cm große gelbe, purpurbraun gefleckte Blüten tragen. Die Blätter sind frischgrün, eiförmig-länglich und leicht klebrig.
Haltung: Die Pflanze eignet sich nicht für eine heiße, sonnige Ecke, sondern braucht recht viel Feuchtigkeit. Ideal wäre ein Platz am Ufer eines Teiches oder Baches, sonst eine feuchtkühle Stelle im Steingarten.
Vermehrung: Entweder durch Aussaat im Winter, wobei der Samen bei 13–16° C unter Glas gehalten werden muß, oder einfacher durch Stecklinge oder Teilung im Frühjahr, wobei die neuen Pflanzen binnen zwei bis drei Wochen ausgepflanzt werden können.
Bemerkung: Wird in manchen Katalogen als *M. langsdorfii* geführt.
(Bild Seite 98)

Reifrocknarzisse
Narcissus bulbocodium
Amaryllisgewächse
(Amaryllidaceae)

Sonnig
Lockerer, sandiger Boden
April–Mai

Heimat: Westliche Mittelmeerländer
Zwiebelpflanze mit 10–30 cm langen, schmalen, dunkelgrünen Blättern. Die 2–5 cm langen, goldgelben Blüten stehen auf 15 cm hohen Stielen. Die trichterförmige, ganzrandige Nebenkrone erweitert sich reifrockartig. Es gibt viele Varietäten, die sich in der Hauptsache durch die Form der Nebenkrone unterscheiden.
Haltung: Bevorzugt einen sonnigen Standort auf lockerem, sandigen Boden. Verwildert unter günstigen Umständen in einer Wiese; dann die Stelle bezeichnen. Vor Frost schützen.
Vermehrung: Entweder durch Teilung – alle 3–4 Jahre die Zwiebelklumpen ausgraben und teilen – oder durch Samen. Sät sich vielfach selbst aus.
(Bild Seite 99)

N/O ✻

Trompeten-Narzisse, Osterglocke
Narcissus cyclamineus
Amaryllisgewächse
(Amaryllidaceae)

Sonnig–halbschattig
Feuchter, humoser Boden
März–April

Heimat: Portugal
Zwiebelpflanze mit schmalen, blaugrünen Blättern. Die Blütenstiele sind mindestens 10 cm hoch – im Schatten noch höher – und tragen eine 3–4 cm lange, sattgelbe Blütenröhre. Die Blütenblätter sind sehr weit nach hinten zurückgeschlagen und genauso lang wie die Blütenröhre.
Haltung: Mag keinen heißen, trockenen Platz, sondern bevorzugt einen feuchten Standort; sät sich an einem Bach oder im Wald selbst aus.
Vermehrung: Durch Aussaat im Hochsommer, wenn die Samen reif sind, entweder ins Freiland oder in einen Topf, in dem sie nicht austrocknen dürfen. Mindestens 2 Jahre an Ort und Stelle lassen, bis sich die kleinen Zwiebel gebildet haben. Sie beginnen im dritten oder vierten Jahr nach der Aussaat zu blühen.
(Bild Seite 98–99)

Missouri-Nachtkerze
Oenothera missouriensis
Nachtkerzengewächse
(Onagraceae)

Sonnig
Beliebiger Boden
Juni–September

Heimat: Südliches Nordamerika
Niedrige (10–15 cm hoch) Staude mit niederliegenden verzweigten Stengeln, die weidenähnliche Blätter tragen. Wertvoll wegen der langen Blütezeit im Sommer, wenn immer neue, 6–8 cm große, fast ungestielte, zitronengelbe Blüten aus den Blattachseln entspringen. Sie öffnen sich abends und halten mehrere Tage.
Haltung: Braucht Platz – kann sich bis 60 cm weit ausbreiten –, stellt aber sonst keine Ansprüche. Begnügt sich mit einem sonnigen, trockenen Standort mit normaler Erde. Die Stelle bezeichnen, da die Blätter im Winter vergehen.
Vermehrung: Durch Samen; im Winter säen, im Frühjahr eintopfen und im Spätfrühling oder Frühsommer auspflanzen. Im Spätwinter kann man auch Stecklinge schneiden, die im Kasten überwintert werden.
Bemerkung: Wird auch als *Megapterium missouriense* geführt.
(Bild Seite 99)

O

Gedenkemein, Frühlings-Nabelnuß
Omphalodes verna
Rauhblattgewächse
(Boraginaceae)

Halbschattig
Humoser Boden
April–Mai

Heimat: Süd- und Mitteleuropa
10–15 cm hoch werdende Staude, die sich durch Ausläufer verbreitet, jedoch nicht wuchert. Blätter eiförmig, langgestielt, mattgrün, fiedernervig. Trägt zahlreiche kleine, leuchtend blaue Blüten in endständigen Blütenständen.
Haltung: Liebt Lauberde und gehört in den schattigen Teil des Steingartens oder in den Waldgarten.
Vermehrung: Im Frühjahr oder Herbst teilen und sofort ins Freiland oder in einen Topf mit Einheitserde pflanzen.
Bemerkung: Nicht mit *O. luciliae* verwechseln, die pralle Sonne und gute Entwässerung braucht.

Ourisie
Ourisia coccinea
Braunwurzgewächse
(Scrophulariaceae)

Schattig
Kalkfreier, gut durchlässiger Boden
Mai–September

Heimat: Chilenische Anden
Bis zu 30 cm hoch werdende Staude mit niederliegenden Trieben. Aus einem bis 45 cm großen Teppich eiförmiger Blätter entspringen 20 cm hohe Stiele mit wunderschönen, scharlachroten Trompetenblüten.
Haltung: Verlangt Feuchtigkeit im Sommer und Trockenheit im Winter. Keine Pflanze für einen trockenen Standort in praller Sonne, möchte vielmehr einen schattigen Platz mit gut durchlässiger Laub- oder Torferde, am besten an einer Nordwand. Vor Frost schützen.
Vermehrung: Im Frühjahr teilen, in Torferde pflanzen und die jungen Pflanzen 4–6 Wochen an einem schattigen Platz halten, bis sie ausgepflanzt werden können.

Oben: *Lithodora diffusa* 'Grace Ward' bildet einen breiten Teppich aus rauhen Blättern, aus dem tiefblaue Blüten entspringen. Siehe Seite 92.

Unten: *Lithophragma parviflora*, eine attraktive Pflanze mit weißen bis blaßrosafarbenen Blüten. Siehe Seite 92.

Oben: *Narcissus bulbocodium,* eine Zwergnarzisse, die schon im zeitigen Frühjahr Mengen gelber Blüten hervorbringt. Siehe Seite 94.

Links oben: *Mimulus guttatus* fühlt sich, wie alle Gauklerblumen, am wohlsten an einem feuchten Standort, an dem sie sich ausbreitet und zahlreiche gelbe Blüten hervorbringt. Siehe Seite 94.

Links: *Narcissus cyclamineus,* eine aparte Zwergnarzisse mit zurückgeklappten Blütenblättern; verwildert leicht an einem feuchten Graben. Siehe Seite 95.

Unten: *Oenothera missouriensis,* eine Zwerg-Nachtkerze, deren gelbe Trompetenblüten zwar nicht lange halten, von denen sich aber ständig neue entfalten. Siehe Seite 95.

Oben: *Penstemon newberryi*, buschige Polster bildender Halbstrauch mit leuchtend rosafarbenen Blüten. Siehe Seite 114.

Links: *Oxalis adenophylla* bildet niedrige Polster und trägt große weißrosa Blüten. Siehe Seite 113.

Rechts: *Parahebe catarractae*, eine strauchige Pflanze aus Neuseeland, die gern zwischen Felsen nach unten wächst. Siehe Seite 113.

Oben: *Pimelea coarctata*, ein entzückender neuseeländischer Zwergstrauch mit kleinen grauen Blättern, der im Frühsommer duftende weiße Blüten trägt. Siehe Seite 115.

Links: *Polygala chamaebuxus* 'Rhodoptera', ein kleiner bunter Strauch für den Torfgarten. Siehe Seite 116.

Links unten: *Phlox* × 'Chattahoochee', eine ganz hervorragende Pflanze für den kühleren Teil des Steingartens; bildet einen lockeren, sich ausbreitenden Busch. Siehe Seite 114.

Unten: *Phlox subulata* 'Daniel's Cushion', eine Zuchtsorte, die sich nicht so stark ausbreitet wie ihre nahen Verwandten. Siehe Seite 115.

Oben: *Polygonum affine* 'Darjeeling Red', eine Knöterichart, die im Herbst rosa-rote Scheinähren hervorbringt. Siehe Seite 117.

Oben: *Potentilla crantzii*, eine sonnenhungrige Pflanze, die im Sommer zahlreiche gelbe Blüten mit orangefarbenem Fleck trägt. Siehe Seite 118.

Unten: *Polygonum vaccinifolium*, ein Knöterich mit kleineren Blüten, die aber bis zum Winter halten. Siehe Seite 117.

Oben: *Primula denticulata*, eine der pflegeleichtesten Alpenpflanzen. Siehe Seite 118.

Links: *Primula juliae* eignet sich gut zur Randbepflanzung von Beeten. Siehe Seite 119.

Rechts oben: *Primula vialii*, eine etwas abweichende Primelart aus China. Siehe Seite 120.

Rechts: *Ptilotrichum spinosum*, ein graublättriges Sträuchlein, von dem es auch eine Form mit rosa Blüten gibt. Siehe Seite 121.

107

Links: *Ramonda myconi,* verträgt – vor allem im Winter – keine stehende Nässe in der Rosette, liegt daher besser auf der Seite. Siehe Seite 122.

Rechts: *Ranunculus gramineus,* ein Hahnenfuß mit grasähnlichen Blättern, der im Spätfrühling becherförmige Blüten auf ziemlich hohem Stiel trägt. Siehe Seite 123.

Unten: *Ranunculus ficaria* 'Flore Plena', die gefüllte Form des Scharbockskrauts, liebt einen feuchten Standort und darf nicht austrocknen. Siehe Seite 122.

Oben: *Rhododendron* × 'Blue Tit', ein für den Steingarten oder das Torfbeet unschätzbarer Zwergrhododendron. Siehe Seite 124.

Rechts: *Rhodohypoxis baurii* 'Margaret Rose', eine von mehreren Sorten eines südafrikanischen Zwiebelgewächses, das überraschenderweise im Norden gut gedeiht.
Siehe Seite 124.

Unten: *Roscoea cautleoides,* eine weniger häufige Pflanze, eignet sich für die feuchtkühlen Bedingungen des Torfbeetes und braucht leichten Schatten. Die aparten Blüten erscheinen im Hochsommer. Siehe Seite 125.

Oben: *Salix waldsteiniana,* eine für den Steingarten interessante Zwergweide. Siehe Seite 126.

Unten: *Sagina procumbens* 'Aurea', eine polsterbildende Pflanze, bildet mit ihrem attraktiven gelben Laub in einem Alpenrasen einen wertvollen Kontrast. Siehe Seite 125.

O/P

Sauerklee
Oxalis adenophylla
Sauerkleegewächse
(Oxalidaceae)

Sonnig
Beliebiger, gut entwässernder Boden
April–Mai

Heimat: Chile, Westargentinien
Im Gegensatz zu manchen äußerst stark wuchernden Verwandten bescheidener. Aus einem mit Fasern bedeckten, knolligen Wurzelstock entspringen 2 cm breite graugrüne Blätter. Im Frühsommer erscheinen 4 cm große, leuchtend karminrote bis fast weiße Blüten mit seidigem Glanz.
Haltung: Gedeiht an einem sonnigen Standort mit guter Entwässerung. Die Stelle bezeichnen, da die Blätter schon früh vergehen. Kalkfliehend. Sollte alle 2–3 Jahre ersetzt werden.
Vermehrung: Im zeitigen Frühjahr die seitlichen Knollen abnehmen und entweder ins Freiland oder in einen Topf mit grusiger Erde pflanzen.
(Bild Seite 100)

Parahebe
Parahebe catarractae
Braunwurzgewächse
(Scrophulariaceae)

Sonnig
Neutraler, gut entwässernder Boden
Juni–August

Heimat: Gärtnerische Züchtung; die Gattung ist in Neuseeland zu Hause. Ehrenpreisähnliche Zwergstaude mit mittelgrünen, eiförmigen Blättern und zahlreichen endständigen, lockeren Rispen weißer Blüten mit purpurroten Herzen.
Haltung: Braucht neutralen Boden und etwas Sonne. Macht sich am besten, wenn sie zwischen Felsen hinunterwächst.
Vermehrung: Durch Stecklinge, um in der Sorte zu bleiben. Im Hoch- bis Spätsommer weiche Stecklinge schneiden und in den Standkasten setzen. Nicht zum Blühen kommen lassen, damit adrette Pflanzen entstehen, die im nächsten Frühjahr ausgepflanzt werden können.
Bemerkung: Die Gattung ist mit *Veronica* und *Hebe* verwandt und wird manchmal mit letzterer vereinigt, aber die als *Hebe catarractae* geführte Pflanze ist in Höhe und Farbe völlig verschieden.
(Bild Seite 101)

✣ P

Penstemon, Bartfaden
Penstemon newberryi
Braunwurzgewächse
(Scrophulariaceae)

Sonnig
Beliebiger, gut entwässernder Boden
Juni–Juli

Heimat: Kalifornien
Bis 20 cm hoch werdender Halbstrauch, der buschige Polster bildet. Blätter eiförmig, schwach behaart, graugrün. Trägt endständige, 3–4 cm lange, löwenmäulchenähnliche, rosa bis rosig purpurne Blüten.
Haltung: Gedeiht in lockerer, gut durchlässiger Erde; übermäßige Feuchtigkeit kann tödlich wirken. In strengen Wintern vor Kälte schützen und einen Vorrat an jungen Pflanzen in Reserve halten.
Vermehrung: Im Spätsommer oder Frühherbst 5–7 cm lange Stecklinge schneiden, die im nächsten Frühjahr ausgepflanzt werden können. Der Samen, den man im Winter säen kann, ist sehr variabel.
(Bild Seite 100–101)

Phlox, Kanadische Flammenblume
Phlox × 'Chattahoochee'
Sperrkrautgewächse
(Polemoniaceae)

Halbschattig
Torfboden
April–Juni

Heimat: Nordamerika; als Eltern gelten *P. pilosa* und *P. divaricata*. 20–30 cm hoch werdende, etwas niederliegende Staude mit schmalen, spitz-eiförmigen Blättern und Doldentrauben aus 3 cm großen, satt lavendelblauen Blüten mit karminrotem Schlund.
Haltung: *Phlox* × 'Chattahoochee' mag keine pralle Sonne und fühlt sich am wohlsten an einem kühlen Platz mit Torferde.
Vermehrung: Schwierig. Jeder Sproß trägt Blütenstände, und es gibt nur selten nichtblühendes Material, von dem man Stecklinge schneiden könnte. Wenn dies möglich ist, setzt man sie in einen Sand-Torf-Kasten. Aus Samen gezogene Pflanzen variieren beträchtlich, bei den meisten fehlt der karminrote Schlund. Alle haben jedoch die gleiche lange Blütezeit, im Gegensatz zu den vermutlichen Eltern.
(Bild Seite 102)

P ✳

 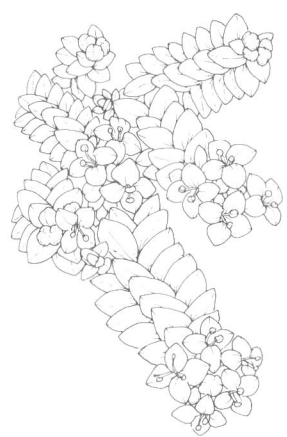

Moosphlox, Polsterphlox
Phlox subulata
Sperrkrautgewächse
(Polemoniaceae)

Sonnig
Gut durchlässiger, mäßig feuchter Boden
April–Mai

Heimat: Östliches Nordamerika
Die Stammform dieser Zwergstaude bekommt man in der Kultur selten zu sehen. Sie ist durch verschieden benannte Sorten verdrängt worden, die man in Spezialkatalogen findet. 'Apple Blossom' ist blaßrosa, 'G. F. Wilson' klarlila, 'Temiscaming' leuchtend karminrot. Sie bilden sich ausbreitende Teppiche von bis zu 45 cm Durchmesser, und die Blüte ist höchstens 10 cm hoch. Sie tragen im Spätfrühling zahlreiche 1,5–2 cm große Blüten und wirken besonders gut, wenn sie sich über Felsen und Trockenmauern hinab ausbreiten wie ein Wasserfall.
Haltung: Bevorzugt sandig-durchlässigen Boden und Sonne. Keine kräftigeren Pflanzen in die Nähe setzen! Möglichst ungestört wachsen lassen.
Vermehrung: Im Hoch- bis Spätsommer weiche Stecklinge schneiden und in den Sandkasten setzen.
(Bild Seite 103)

Glanzstrauch
Pimelea coarctata
Seidelbastgewächse
(Thymelaeaceae)

Sonnig
Kalkfreier, feuchter Boden
Juli–August

Heimat: Neuseeland
Viele belaubte Zweige bilden ein flaches Polster von wenigen Zentimetern Höhe, aber bis zu 60 cm Durchmesser. Die winzigen Blätter sind graugrün, manchmal mit rotem Rand. Die Zweige tragen endständige Blütenstände winziger, wachsartiger, weißer Bluten, die durch ihre große Zahl massiert wirken. Nach der Blüte erscheinen fleischige weiße Beeren.
Haltung: Braucht Schutz vor extremer Kälte. Liebt feuchte, aber gut durchlässige Erde. Wo er sich wohlfühlt, wurzeln die sich ausbreitenden Zweige an.
Vermehrung: Die bewurzelten Zweige kann man im Herbst abnehmen und eintopfen und im Frühjahr auspflanzen.
(Bild Seite 103)

✳ **P**

Pleione
Pleione formosana
Orchideen (Orchidaceae)

Schattig
Guter, humusreicher Boden
April–Mai

Heimat: Taiwan
Diese Bergorchidee gehört zu den Aristokraten des Steingartens. Die reifen grünen Scheinbulben sind ca. 2,5 cm hoch und tragen im Frühjahr 7,5 cm breite, rosa-weiße Orchideenblüten auf bis 15 cm hohen Stielen. Die gerippten Blätter sind etwas länger.
Haltung: Wird meist im Haus im Topf gepflegt, ist aber winterhart; da sie zahlreiche Scheinbulben hervorbringt, lohnt es sich, einige in einer geschützten Ecke des Torfgartens auszupflanzen, wo sie während der winterlichen Ruhezeit ziemlich trocken gehalten werden kann; dabei ist ein schützender Glasrahmen von Nutzen. Darf nicht in praller Sonne stehen.
Vermehrung: Die jungen Scheinbulben abnehmen und in eine sandige Erdmischung pflanzen.
Bemerkung: Wird auch unter dem Namen *P. bulbocoides* angeboten.

Buchsblättrige Kreuzblume, Zwergbuchs
Polygala chamaebuxus
Kreuzblumengewächse (Polygalaceae)

Halbschattig
Torfiger, gut durchlässiger Boden
April–September

Heimat: Gebirge Süd- und Mitteleuropas
Niederliegender, 10–15 cm hoher und 20–30 cm breiter Halbstrauch mit buchsbaumähnlichen Blättern. Vom Spätfrühling bis zum Hochsommer erscheinen an jedem Stiel bis zu 6 rahmgelbe Blüten mit purpurnen Spitzen. Bei der abgebildeten Form, die als 'Purpurea', 'Rhodoptera' oder 'Grandiflora' angeboten wird, sind die Blüten etwas auffälliger, nämlich karminrot und gelb.
Haltung: Wächst in der Natur am Waldrand, eignet sich daher nicht für einen heißen, sonnigen Standort, sondern möchte Lauberde und etwas leichten Schatten.
Vermehrung: Im Hoch- bis Spätsommer weiche Stecklinge schneiden und in schattierten Torfkasten setzen. Beim Umtopfen die Triebspitzen auskneifen, um eine buschige Form zu erzielen. Im Frühjahr ist auch eine Teilung möglich. (Bild Seite 102)

P ✱

Knöterich
Polygonum affine
Knöterichgewächse
(Polygonaceae)

Sonnig–halbschattig
Beliebiger, feuchter Boden
August–September

Heimat: Himalaja
Immergrüne Pflanze mit kriechenden, holzigen Trieben; bedeckt ein Gebiet von bis zu 45 cm Durchmesser und kann zartere Pflanzen überwuchern, ist aber wegen der im Spätsommer und Frühherbst erscheinenden aufrechten, hellrosa Blütenähren unschätzbar. Die Sorte 'Darjeeling Red' ist ebenso robust, aber die 15 cm hohen Ähren sind tiefrosa. Die schmalen dunkelgrünen Blätter werden im Winter erst kupferrot, dann rötlichbraun.
Haltung: Winterharte Art; ist mit jeder Erde und jedem Standort zufrieden, blüht aber an einem feuchten Platz im Vollschatten nicht so reich.
Vermehrung: Durch Teilung im zeitigen Frühjahr bei Beginn des Wachstums; gleich ins Freiland oder in einen Topf mit Einheitserde pflanzen.
(Bild Seite 104)

Knöterich
Polygonum vaccinifolium
Knöterichgewächse
(Polygonaceae)

Sonnig–halbschattig
Guter Gartenboden
August–September

Heimat: Himalaja
10–12 cm hoher Halbstrauch mit niederliegenden Stengeln. Die schmalen rosaroten Blütenähren erheben sich 5–10 cm über den flachen Teppich der kleinen, spitzovalen Blätter, die sich im Herbst bunt färben. Die Blütezeit erstreckt sich weit in den Herbst hinein, und manchmal kann man noch zu Weihnachten ein Sträußchen pflücken.
Haltung: Robust, wuchert aber nicht und ist leicht in Schranken zu halten. Gedeiht am besten an einem sonnigen Standort in leichter, gut durchlässiger Erde. Bei zu reichlicher Ernährung entsteht weiches Laub anstelle von Blüten.
Vermehrung: Durch Teilung im Frühjahr oder Herbst oder durch Stecklinge, die vom Hochsommer an geschnitten und in den Sandkasten gesetzt werden.
(Bild Seite 105)

❋ P

Zottiges Fingerkraut
Potentilla crantzii
Rosengewächse (Rosaceae)

Sonnig
Gut durchlässiger, kalkhaltiger Boden
Juni–September

Heimat: Alpen und Apennin, arktische Gebiete der Nordhalbkugel
5–20 cm hoch werdender Bodendecker mit kurz gestielten, 5teilig gefingerten, unterseits leicht behaarten Blättern und goldgelben Blüten.
Haltung: Wächst in der Natur auf Kalkböden, gedeiht und blüht reich in leichter, lockerer Erde und praller Sonne. Nicht von anderen Pflanzen überschatten lassen.
Vermehrung: Vorzugsweise durch Teilung im Herbst oder durch Aussaat im Spätwinter oder zeitigen Frühjahr.
(Bild Seite 105)

Kugelprimel
Primula denticulata
Primelgewächse (Primulaceae)

Sonnig–halbschattig
Guter, feuchter Gartenboden
März–April

Heimat: Zentral- und Westasien
Eine der pflegeleichtesten, zuverlässigsten und anspruchslosesten Steingartenpflanzen. Die grundständigen Blätter sind zäh und kräftig und bilden eine Rosette, aus deren Mitte der langgestielte, kugelige Blütenstand hervorgeht. Die Blütenfarbe variiert von Reinweiß bis tief Rosenrot. Es gibt mehrere benannte Sorten, aber wenn man mit einer Form von schöner Farbe beginnt, sorgen die selbstgesäten Keimlinge für ausreichende Vielfalt.
Haltung: Gedeiht am besten in feuchter, lehmiger Erde, macht sich gut an einem kühlen Fleck am Fuß eines Felsens. An eine Stelle pflanzen, an der sie verwildern kann.
Vermehrung: Vermehrt sich leicht selbst durch Aussaat. Gute Farbformen sollte man im September durch Wurzelstecklinge vermehren.
(Bild Seite 106)

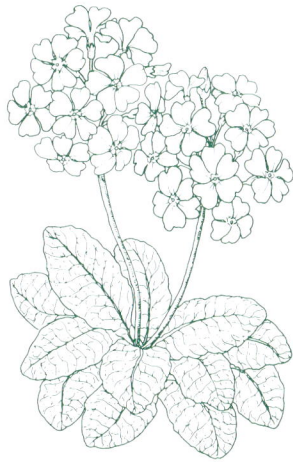 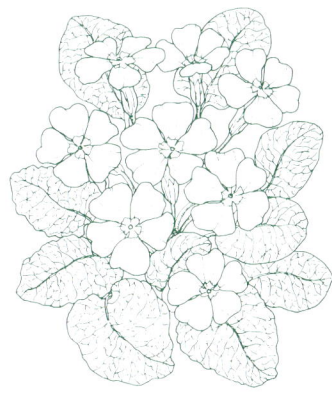

Primel
Primula frondosa
Primelgewächse
(Primulaceae)

Halbschattig–schattig
Feuchter, lehmhaltiger Humusboden
Mai

Heimat: Balkan
Aus einer Rosette anmutiger graugrüner, unterseits mit mehligem Staub bedeckter Blätter entspringen bis 15 cm hohe Stiele mit endständigen Dolden aus zahlreichen winzigen (1 cm breiten) rosalila bis purpurroten Blüten, manchmal mit weißem Schlund.
Haltung: Wächst in der Natur an schattigen Felshängen in der Nähe schmelzenden Schnees und möchte im Garten einen leicht schattigen Platz mit feuchter – aber nicht zu nasser Erde. Gedeiht in einem nach Westen oder Osten gerichteten Torfbeet oder im Schutz eines Felsens, an dem sie nicht von den Sonnenstrahlen getroffen wird.
Vermehrung: Durch Aussaat im Spätsommer oder Spätwinter. Die Sämlinge blühen meist schon im ersten Jahr nach der Aussaat.

Gartenprimel
Primula juliae
Primelgewächse
(Primulaceae)

Halbschattig
Feuchter, lehmhaltiger Humusboden
April

Heimat: Kaukasus
Aus einem Gewirr unterirdischer Wurzelstöcke entspringt ein Polster von herzförmigen Blättern, in die sich kurzgestielte (ca. 10 cm hohe) Büschel leuchtend karminroter Blüten kuscheln. Aus der Kreuzung mit anderen Arten sind einige bekannte Hybriden entstanden; *P.* × 'Garryarde' mit bronzegetönten Blättern oder 'Wanda' mit bordeauxroten Blüten, die manchmal mitten im Winter erscheinen.
Haltung: Wächst auf den meisten Böden, wenn der Standort kühl ist, zieht aber humusreiche Lauberde vor.
Vermehrung: Durch Teilung im Spätsommer; gleich in den Garten oder zum Verteilen in Töpfe pflanzen. Das Wurzelwerk stellt meist ein Gewirr dar und muß kräftig auseinandergezogen werden, besonders bei älteren Pflanzen.
(Bild Seite 106)

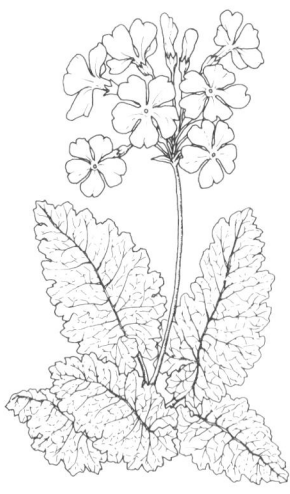 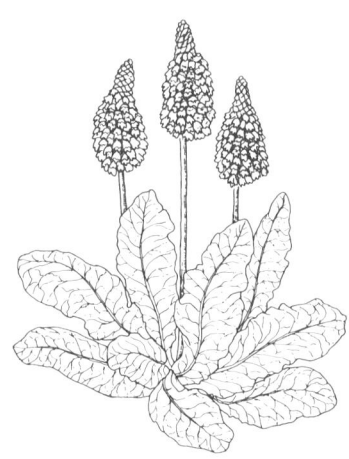

Siebolds-Primel
Primula sieboldii
Primelgewächse
(Primulaceae)

Halbschattig
Kalkfreier, humoser, feuchter Boden
Mai–Juni

Heimat: Asien
Bis 30 cm hoch werdende Primel mit weichen, kräuseligen Blättern mit eingebuchtetem Rand, die im Winter vergehen. Auf 10–30 cm hohen Stielen sitzen Doldenrispen mit 2–4 cm großen rosaroten Blüten. Es gibt mehrere Farbvarianten, darunter die weiße Sorte 'Alba'.
Haltung: Trotz des zarten Aussehens völlig winterhart. Alle Formen möchten leichten Schatten und gut durchlässige, humusreiche Erde, die nicht austrocknen darf.
Vermehrung: Durch Teilung im zeitigen Frühjahr bei Beginn des Wachstums oder durch Aussaat.

Orchideenprimel
Primula viallii
Primelgewächse
(Primulaceae)

Halbschattig
Gut durchlässiger, feuchter Boden
Juni–Juli

Heimat: China
Bis 30 cm hoch werdende Primel. Über einem Tuff schmaler, lanzettlicher Blätter erheben sich dichte, 7–12 cm lange, charakteristische aufrechte Blütenstände. Aus den scharlachroten Knospen entwickeln sich kleine, lavendelfarbene, zart duftende Blüten.
Haltung: Darf weder zu trocken noch zu naß stehen. Eine der Schwierigkeiten bei der Pflege liegt darin, daß die Pflanze feuchte, aber gut durchlässige Erde braucht – eine nicht immer leicht zu erreichende Kombination. Im Winter trocken halten. Stets für Nachzucht sorgen.
Vermehrung: Entweder durch Teilung oder durch Aussaat.
(Bild Seite 107)

Ptilotrichum
Ptilotrichum spinosum
Kreuzblütler (Cruciferae)

Sonnig
Beliebiger, gut durchlässiger Boden
Mai–Juni

Heimat: Südfrankreich bis Südspanien
Stark verzweigter, 20–30 cm hoher
Zwergstrauch mit kleinen grauen
Blättern und kleinen weißen oder rosa
Blüten. Wenn man die erstebenswertere rosa Form haben möchte, muß
man eine blühende Pflanze kaufen.
Haltung: Pflegeleicht. Wächst in der
Natur auf Felsen und Schutthalden,
eignet sich also nicht für einen kühlen,
feuchten, schattigen Standort, stellt
aber keine besonderen Ansprüche,
braucht nur Sonne und gut durchlässige Erde.
Vermehrung: Am besten durch
Samen, keimt aber nicht leicht. Daher
nach selbstausgesäten Keimlingen
Ausschau halten, die man im
Frühherbst ausgraben und eintopfen
kann, dabei aber das Wurzelwerk nicht
zu sehr beschädigen.
Bemerkung: Wird auch als *Alyssum spinosum* geführt.
(Bild Seite 107)

Echte Küchenschelle
Pulsatilla vulgaris
Hahnenfußgewächse
(Ranunculaceae)

Sonnig
Durchlässiger Kalkboden
März–April

Heimat: Europa
Eine der schönsten Blumen der Almen
und Hügel in Kalkgebieten. Die
Gartenform ist eine buschige, bis
20 cm hoch werdende Staude mit
behaarten, tief eingeschnittenen, an
einen Farn oder Möhrenlaub
erinnernden Blättern. Im Vorfrühling
und Frühjahr erscheinen bis zu zwei
Dutzend dunkel- bis blaßvioletter, bis
8,5 cm großer, glockiger Blüten und
anschließend höchst anmutige,
flauschige Samenköpfe. Blüht häufig
im Herbst noch einmal.
Haltung: Sehr pflegeleicht, wenn sie
ein sonniges Plätzchen mit guter Erde
bekommt. Möchte etwas Kalk, den
man in Form von Kalksplitt als
Entwässerungsmaterial geben kann.
Nicht umsetzen, wenn sie sich
verwurzelt hat.
Vermehrung: Einfach, durch Samen,
die nach der Aussaat im Hochsommer
recht schnell keimen. Gute Formen
kann man durch Wurzelstecklinge
vermehren.

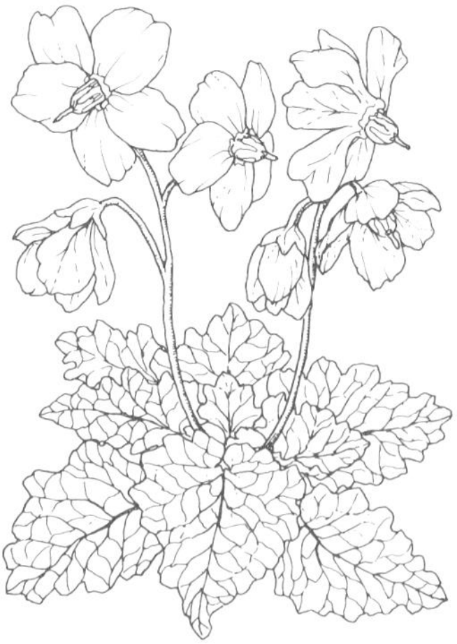

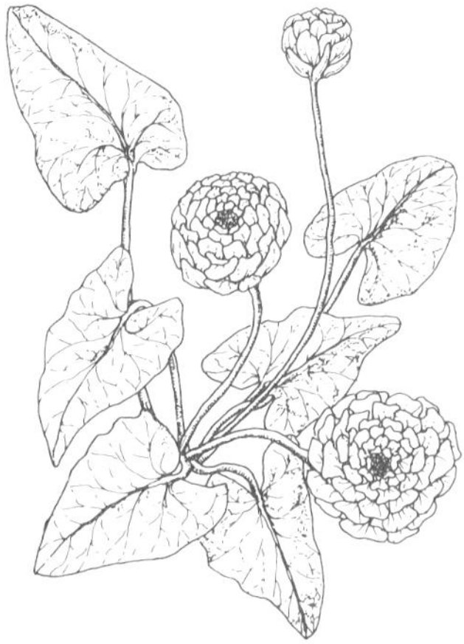

Felsenteller

Ramonda myconi
Gesneriengewächse
(Gesneriaceae)

Halbschattig–schattig
Saurer Boden
Mai–Juni

Heimat: Pyrenäen
Rosettenbildende Kleinstaude mit dunkelgrünen, leicht flaumigen, gekräuselten Blättern. Ab Ende Mai erscheinen auf 10–15 cm hohen Stielen 2,5–4 cm große lilablaue, leicht duftende Blüten mit vorstehenden Staubgefäßen.
Haltung: Eignet sich nicht für einen heißen, sonnigen Standort mit basischer Erde, ist vielmehr ideal für eine Nordlage, am besten in einer Felsspalte oder zwischen Torfblöcken. Liebt Lauberde, braucht aber gute Entwässerung. Wirkt am besten in größeren Gruppen. Im Winter vor Nässe in den Rosetten schützen.
Vermehrung: Durch Blattstecklinge oder Aussaat. Sät sich bei gutem Standort auch von selbst aus.
(Bild Seite 108)

Scharbockskraut, Feigwurz

Ranunculus ficaria
Hahnenfußgewächse
(Ranunculaceae)

Sonnig–halbschattig
Feuchter Laubboden
März–Mai

Heimat: Europa
Bis zu 10 cm hoch werdende, bodendeckende Staude mit kriechenden Stengeln, herzförmigen, glänzend dunkelgrünen Blättern und gelben Blüten. Unser heimisches Scharbockskraut wuchert viel zu stark, als daß es für den Garten in Betracht käme, hat aber einige attraktive Farbvarianten – weiß, rahmgelb und kupferrot. Es gibt auch eine gefüllte gelbe Sorte 'Flore Plena' mit flachen, glänzenden, reizvoll silbern und mahagonibraun gefleckten herzförmigen Blättern, die weniger aufdringlich ist. Die Blätter ziehen Ende Mai ein.
Haltung: Darf nie austrocknen, gehört in Lauberde in die feuchteste Ecke des Gartens. Etwas Sonne oder leichter Schatten machen ihm nichts aus.
Vermehrung: Durch Teilung praktisch jederzeit, sofern die Pflanzen feucht gehalten werden können.
(Bild Seite 109)

 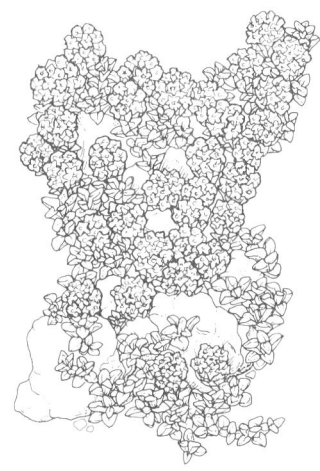

Grasblättriger Hahnenfuß
Ranunculus gramineus
Hahnenfußgewächse
(Ranunculaceae)

Sonnig–halbschattig
Gut durchlässiger, lehmiger Boden
Mai–Juni

Heimat: Mittelmeergebiet
20–30 cm hohe Staude mit schmalen, bläulichgrünen, ganzrandigen, grasähnlichen Blättern. Die 2 cm großen, hell zitronengelben Blüten stehen auf 20–30 cm langen Stielen.
Haltung: Benötigt – im Gegensatz zu vielen Hahnenfußarten – keine Nässe, um sich wohl zu fühlen, gedeiht vielmehr recht gut an einem sonnigen Standort mit etwas Feuchtigkeit, aber guter Entwässerung. Im Winter vor Frost durch Abdecken mit Reisig schützen.
Vermehrung: Durch Aussaat im Spätwinter oder durch Teilung der ruhenden Wurzel im Frühherbst. Eine Teilung alle drei Jahre soll der Pflanze recht gut tun.
(Bild Seite 109)

Raoulie
Raoulia australis
Korbblütler (Compositae)

Sonnig
Gut durchlässiger, sandig-lehmiger Boden
Juni–August

Heimat: Neuseeland
Niedrige (bildet einen höchstens 1 cm hohen silbrigen Teppich), polsterbildende Staude mit silberweiß-filzigen, kleinen, zugespitzten, dachziegelartig angeordneten Blättern und winzigen schwefelgelben Blüten.
Haltung: Pflegeleicht, verlangt nur einen sonnigen Standort mit guter Entwässerung. Verträgt kalkhaltige Erde. Die Blätter leiden, wenn zuviel Wasser darauf steht. Im Winter sollte man einen Glasrahmen über das Polster decken, da Nässe und Kälte das Absterben der Pflanze herbeiführen.
Vermehrung: Durch Teilung im Spätsommer oder Frühherbst; die Teile in grusige Erde setzen, im Glaskasten überwintern und im nächsten Frühjahr auspflanzen.

✼ R

Zwergrhododendron
Rhododendron impeditum
Heidekrautgewächse
(Ericaceae)

Halbschattig
Saurer Boden
April

Heimat: Südwestchina
Immergrüner, 30–60 cm hoher Strauch. Diese Gattung bietet eine große Mannigfaltigkeit in bezug auf Gestalt, Farbe und Größe. Die kleinblättrigen, laubabwerfenden sogenannten Azaleen, wie 'Hinomayo', eignen sich für den Steingarten, solange sie jung sind, werden aber mit der Zeit zu groß. Die blaue Hybride 'Blue Tit' blüht im zeitigen Frühjahr.
Haltung: Verlangt einen sonnigen oder halbschattigen Standort. Verträgt keinen Kalk, benötigt vielmehr saure Lauberde. Flachwurzelnd, so daß ihm eine jährliche Gabe von Laubstreu gut tut.
Vermehrung: Am einfachsten durch Stecklinge von jungem Holz mit einem Auge, die man gleich nach der Blüte schneidet und in den Torfkasten setzt.
(Bild Seite 110)

Rhodohypoxis
Rhodohypoxis baurii
Amaryllisgewächse
(Amaryllidaceae)

Sonnig
Gut durchlässiger, sandig-steiniger Boden
Juli–August

Heimat: Drakensberge (Südafrika)
Kleine, niedrige Staude mit schmalen blaßgrünen, behaarten, grundständigen Blättern, die im Spätfrühling erscheinen, gefolgt von charakteristischen flachen Blüten mit sich überlappenden rosa Blütenblättern, die auf ca. 8 cm hohem Stiel eben über den Blättern stehen. Es gibt einige Sorten in den Farben blaß- bis tiefrosa sowie eine besonders schöne reinweiße.
Haltung: Galt lange als nicht recht winterhart, hat aber inzwischen das Gegenteil bewiesen. Gedeiht im Sonnenschein an einem warmen Plätzchen unterhalb eines Felsens; mag keine Nässe, verträgt aber selbst extreme Winterverhältnisse erstaunlich gut.
Vermehrung: Einfach, durch Teilung oder Aussaat.
(Bild Seite 110–111)

Roscoea
Roscoea cautleoides
Ingwergewächse
(Zingiberaceae)

Halbschattig
Gut durchlässiger, humos-lehmiger Boden
Juni–August

Heimat: China
Staude mit lanzettlichen mittelgrünen Blättern, die 15–30 cm lang werden. Im Sommer erhebt sich dicht über ihnen eine Menge zarter leuchtendgelber, orchideenähnlicher Blüten.
Haltung: Sie lieben einen kühlen Standort; der Torfgarten mit seiner feuchten, torfigen Erde ist ein geeigneter Platz für sie. Wenn sie tief gepflanzt und gut abgedeckt werden, überstehen sie auch strenge Winter.
Vermehrung: Durch Teilung der ruhenden Wurzeln im Frühjahr. Selbstausgesäte Keimlinge kann man im Spätsommer eintopfen, ebenso die aus im Spätwinter gesätem Samen; die jungen Pflanzen müssen im Sommer schattiert werden. Die fleischigen Wurzeln wollen nicht in einem kleinen Topf eingesperrt sein, daher nicht zu spät auspflanzen.
(Bild Seite 110)

Sternmoos
Sagina subulata 'Aurea'
Nelkengewächse
(Caryophyllaceae)

Sonnig–halbschattig
Beliebiger, gut durchlässiger Boden
Juli–August

Heimat: Europa
Flacher Bodendecker mit goldgelben, büscheligen, langstachelspitzigen Blättern und winzigen weißen Blüten.
Haltung: Gedeiht am besten in nicht zu trockenen, sandigen Böden in der Sonne oder im Halbschatten. Nur in sonniger Lage bleibt das goldfarbene Laub erhalten. Sehr verträglich als Bodendecker über kleinen, frühblühenden Krokussen und Narzissen. Nicht an einen schattigen Ort pflanzen, an dem die Gefahr besteht, daß es in die Höhe wächst.
Vermehrung: Durch Teilung, fast jederzeit möglich, aber am besten im Herbst.
(Bild Seite 112)

✱ S

Bäumchen-Weide
Salix arbuscula
Weidengewächse
(Salicaceae)

Sonnig–halbschattig
Beliebiger, nicht zu trockener Boden
Juni–Juli

Heimat: Ostalpen, Karpaten
Bis 50 cm hoch werdende Zwergweide mit kriechendem, holzigem Stamm und tiefgrünen, unterseits blaugrün gefärbten, glänzenden Blättern.
Haltung: In beliebiger, aber feuchter und nicht zu fetter Erde an einem offenen Standort, wo sie aber nicht der heißen Sonne des Hochsommers ausgesetzt sein darf. Verträgt keine zu heiße oder zu trockene Lage, sondern benötigt das ganze Jahr über Feuchtigkeit.
Vermehrung: Durch Stecklinge, die man vom Hochsommer bis zum Frühherbst schneiden kann und in einen Kasten mit sandiger Erde setzt. Die Spitzen unbedingt auskneifen, um einen buschigen Wuchs zu erzielen.
(Bild Seite 112)

Blutwurz
Sanguinaria canadensis
Mohngewächse
(Papaveraceae)

Sonnig–halbschattig
Lockerer Waldhumusboden
April–Mai

Heimat: Nordamerika
20–30 cm hohe Staude mit grundständigen, langgestielten, blaugrünen, handförmigen Blättern und weißen Blüten auf ca. 10 cm hohen Stielen. Die gefüllten Blüten der Sorte 'Flore Pleno' halten länger als die einfachen Blüten der Stammform. Der Name kommt von der roten Flüssigkeit, die bei Verletzungen aus der Wurzel quillt.
Haltung: Möchte einen Standort mit lichtem Schatten, am besten auf Waldboden. Nach dem Pflanzen nicht mehr stören. Da die Blätter gegen Ende des Sommers vergehen, muß der Platz unbedingt gekennzeichnet werden.
Vermehrung: Bei der gefüllten Form nur durch Teilung möglich, am besten zur Ruhezeit im August. Die Pflanzen fühlen sich im Topf nicht wohl und sollten besser in einen Kasten mit Lauberde ausgepflanzt werden. Aussaat auch möglich. Sämlinge blühen aber erst nach einigen Jahren.
(Bild Seite 129)

S *

Rotes Seifenkraut
Saponaria ocymoides
Nelkengewächse
(Caryophyllaceae)

Sonnig
Gut durchlässiger Boden
Mai–Juli

Heimat: Südeuropa, Kleinasien
Niedrige Blütenstaude, die Polster von
bis zu 30 cm Durchmesser bildet, die
im Sommer mit Dutzenden von 1 cm
großen rosa Blüten bedeckt sind.
Unschätzbar für jeden Steingarten,
macht sich besonders gut, wenn der
Blütenteppich über eine Felswand
hinabhängen kann. Es gibt zwei
ausgewählte Sorten, 'Compacta',
langsamer wachsend und weniger
kräftig, und 'Rubra Compacta' mit
karminroten Blüten.
Haltung: Braucht Platz, um sich
auszudehnen. Wächst in der Natur auf
Kiesbänken, ein Zeichen, daß gute
Entwässerung notwendig ist. Alle
Formen sind pflegeleicht.
Vermehrung: Sehr leicht durch
Aussaat oder Stecklinge. Im Sommer
weiche Stecklinge von nichtblühenden
Sprossen schneiden und in den
Sandkasten setzen.
(Bild Seite 129)

Polstersteinbrech
Saxifraga burseriana
Steinbrechgewächse
(Saxifragaceae)

Sonnig–halbschattig
Gut durchlässiger, kalkhaltiger Boden
März–April

Heimat: Ostalpen
Frühestblühende Steinbrech-Art.
Dichte Kissen aus blaugrauen,
lanzettlichen Blättern bildende Pflanze
mit 2,5 cm großen, festen weißen
Blüten, die auf 5 cm hohen Stielen
stehen. Es gibt mehrere benannte
Sorten; 'Brookside' und 'Gloria' haben
größere, 'Sulphurea' zartgelbe Blüten.
Haltung: Benötigt gut durchlässige
Erde, etwa eine Mischung aus
Lauberde, Lehm und Kalksteinsplitt. Es
hilft, wenn man Splitt unter das Kissen
schiebt. Verträgt im Sommer keine
Mittagssonne. Sehr empfindlich gegen
Nässe.
Vermehrung: Durch Stecklinge oder
Aussaat. Bei Teilung werden leicht die
kompakten Kissen zerstört; daher
nimmt man im Hochsommer
Stecklinge ab, die natürlich nur
1–1,5 cm lang sein können, und setzt
sie in den Sandkasten, wo sie schattiert
und gut gegossen werden.

※ S

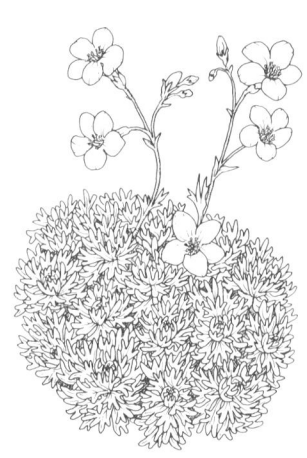

Löffel-Steinbrech
Saxifraga cochlearis
Steinbrechgewächse
(Saxifragaceae)

Halbschattig
Gut durchlässiger, kalkhaltiger Boden
Mai–Juni
Heimat: Seealpen, Ligurische Alpen
Bildet dichte Rosettenpolster. Die graugrünen, löffelartigen Blätter sind am Rande oft hübsch mit Kalkflecken überzogen. Die Sorte 'Minor' ist besonders attraktiv, die Rosetten bilden ein äußerst adrettes Polster, aus dem auf höchstens 10 cm hohem Stiel lockere Trauben 1,5 cm großer milchweißer Blüten entspringen.
Haltung: Wächst in der Natur auf Kalkfelsen, benötigt also gut durchlässige, kalkhaltige Erde; besonders geeignet ist eine Schutthalde. 'Minor' ist ideal für den Zwergsteingarten. Vor praller Sonne schützen.
Vermehrung: Im August durch Abnehmen der Nebenrosetten, am besten mit einigen Wurzeln; in einen Topf mit kalkhaltiger Erde oder gleich ins Freiland pflanzen.
(Bild Seite 130)

Moschus-Steinbrech
Saxifraga moschata
Steinbrechgewächse
(Saxifragaceae)

Halbschattig
Neutraler Boden
Mai–Juli
Heimat: Gebirge Mittel- und Südeuropas, Westasiens
Polsterbildendes, 5–10 cm hohes Steinbrechgewächs mit dunkelgrünen Blättern und grüngelben Blüten. Die Stammform wird selten kultiviert und meist durch verschiedene Sorten und Hybriden vertreten. Die hell moosgrünen Rosetten von 'Peter Pan' bilden adrette, niedrige Hügel von bis zu 30 cm Durchmesser, aus denen auf 8–10 cm hohen Stielen ca. 1 cm große rosa Blüten in lockeren Rispen hervorwachsen.
Haltung: Vor praller Sonne schützen, vor allem im Hochsommer. Eine andere Sorte, 'Cloth of Gold', hat hellgelbe Blätter, die in der Sonne arg verbrennen, braucht also stärkeren Schatten.
Vermehrung: Im Spätsommer kleine Ableger abtrennen und in neutrale Erde eintopfen.

Oben: *Sanguinaria canadensis* 'Flore Pleno' ist eine auffallende Pflanze mit reinweißen gefüllten Blüten, die schon im zeitigen Frühjahr erscheinen. Siehe Seite 126.

Unten: *Saponaria ocymoides* sollte man am besten über Felsen oder über eine Steinmauer hinabhängen lassen, so daß die zahlreichen rosafarbenen Blüten gut zur Geltung kommen. Siehe Seite 127.

Links: *Saxifraga cochlearis* 'Minor' mit ihren duftig-weißen Blütenrispen eignet sich hervorragend für den Zwergsteingarten. Siehe Seite 128.

Rechts: *Saxifraga umbrosa* 'Elliott's Variety' ist eine Zwergform von 'London Pride', die sich auch für den Zwergsteingarten eignet. Siehe Seite 145.

Unten: *Saxifraga cotyledon* 'Southside Seedling' wächst besonders gut in Felsspalten und zeichnet sich durch ihre rot-weißen Blüten aus.
Siehe Seite 145.

Oben: *Scilla tubergeniana* zeichnet sich vor allem durch ihre frühe Blütezeit aus. Siehe Seite 146.

Rechts: *Sedum spathulifolium* 'Cappa Blanca' ist hauptsächlich wegen der intensiv grauen Blätter fast das ganze Jahr über interessant. Braucht Sonne. Siehe Seite 147.

Unten: *Sedum acre* 'Aureum' besitzt schöne, kontrastreich gefärbte Blätter, neigt jedoch zum Wuchern und muß in Schranken gehalten werden. Siehe Seite 146.

Links: *Silene schafta* trägt zahlreiche rosafarbene Blüten zu einer Zeit, zu der der Steingarten noch auf die Herbstblüher wartet. Siehe Seite 148.

Rechts: *Sisyrinchium bermudianum* sät sich reichlich selbst aus und muß im Steingarten im Zaum gehalten werden. Siehe Seite 148.

Unten: *Solidago brachystachys*, eine Zwergform der Goldrute, wird selten höher als 15 cm und gedeiht in jeder Erde. Siehe Seite 149.

Links: *Syringa meyeri* 'Palibin' eignet sich auch für kleine Gärten, da er erst nach sehr langer Zeit seine endgültige Größe von 1,5 m erreicht. Siehe Seite 150.

Rechts: Die krausen graugrünen Blätter von *Teucrium pyrenaicum* bilden ein gutes bodendeckendes Polster im sonnigen Steingarten. Siehe Seite 151.

Unten: *Thymus* × 'Doone Valley' bringt massenhaft typische rosafarbene Thymianblüten hervor. Auch die Blätter sind sehr schön bunt gefärbt. Siehe Seite 151.

Oben: *Thymus serpyllum* mit seinen herrlichen rosafarbenen Blüten und seinem angenehmen Duft sollte in keinem Steingarten fehlen. Siehe Seite 152.

Oben: *Trillium sessile*, ein ungewöhnliches Liliengewächs, benötigt einen schattigen und feuchten Standort. Siehe Seite 152.

Unten: *Tropaeolum polyphyllum*, eine nicht sehr bekannte Kapuzinerkresse-Art mit grauen Blättern und hellgelben Blüten. Siehe Seite 153.

Oben: *Tulipa greigii* mit auffälliger Blattaderung in graugrün und bräunlich-purpurn. Siehe Seite 153.

Links: *Tulipa sylvestris* ist zwar nicht sehr reichblühend, eignet sich aber sehr gut zum Verwildern.
Siehe Seite 155.

Rechts: *Tulipa marjolettii* besitzt kräftige, aufrechte Stiele, ist aber eine Spur zu hoch für kleinere Steingärten. Siehe Seite 154.

Oben: *Tulipa tarda* trägt auf ziemlich kurzem Stengel bis zu 6 strahlend gelbe Blüten, die sich selbst an recht kühlen Tagen zur Sonne hin öffnen. Siehe Seite 155.

Links: *Uvularia perfoliata* eignet sich für eine kühle, schattige Stelle im Torfbeet. Den Platz gut bezeichnen, da das Laub früh im Jahr vergeht. Siehe Seite 156.

Rechts: *Veronica prostrata,* ein bescheidener Bodendecker, der von Mai bis Juni Mengen kleiner blauer Blüten trägt. Siehe Seite 157.

Oben: *Veronica teucrium* 'Trehane', ein aparter Ehrenpreis, der in ungewöhnlicher Weise gelbes Laub und blaue Blüten vereinigt. Siehe Seite 157.

Unten: *Verbascum* × 'Letitia', eine Königskerze, die sich wegen ihrer Größe und ihrer bescheidenen Ansprüche sehr gut für den Steingarten eignet. Siehe Seite 158.

S ✽

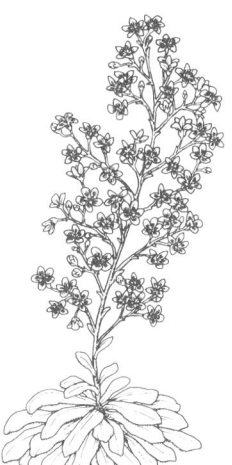 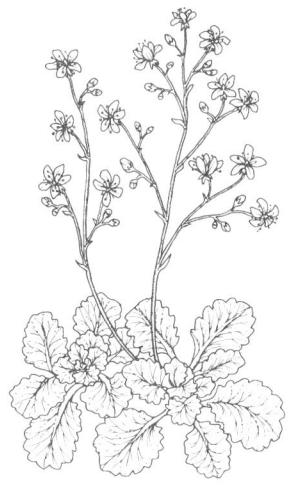

Fettblatt-Steinbrech
Saxifraga cotyledon
Steinbrechgewächse
(Saxifragaceae)

Sonnig–halbschattig
Durchlässiger, neutraler Boden
Mai–Juni

Heimat: Pyrenäen, Alpen, Karpaten, Lappland, Island
Rosettenbildende Steinbrech-Art. Die Rosette besteht aus riemenartigen hellgrünen Blättern; aus ihr entspringen im Sommer auf 30 cm langen, geschwungenen Stielen lockere Trauben weißer Blüten (bei 'Southside Seedling' sind die Blüten kräftig rotgefleckt).
Haltung: Wächst in der Natur in den Spalten von Granitfelsen, braucht daher im Garten gute Entwässerung. Fühlt sich an einem nicht zu sonnigen Standort wohler als in praller Sonne.
Vermehrung: Durch Teilung im Spätsommer nach der Blüte oder durch Aussaat.
(Bild Seite 130–131)

Porzellanblümchen
Saxifraga umbrosa
Steinbrechgewächse
(Saxifragaceae)

Schattig
Humoser Waldboden
Juni–August

Heimat: Pyrenäen
Schattenstaude. Bildet kräftige Rosetten aus ledrigen, oberseits matt- bis glänzendgrünen, unterseits violett überflogenen Blättern. Auf 10–15 cm hohen Stielen sitzen Rispen mit zahlreichen, bei der Stammform weißen, bei der abgebildeten Sorte 'Elliott's Variety' (einer Zwergform der bekannten Sorte 'London Pride') sattrosa Blüten. Wuchert nicht, breitet sich kaum mehr als 20–30 cm weit aus.
Haltung: Mag keine pralle Sonne, gedeiht besser in schattigen Winkeln, ob feucht oder trocken. Äußerst wertvoll für scheinbar unmögliche Stellen des Steingartens.
Vermehrung: Im Frühherbst teilen und entweder sofort wieder einpflanzen oder, wenn man größere Mengen braucht, die bewurzelten Rosetten einzeln einpflanzen.
(Bild Seite 131)

✻ S

Kaukasus-Blaustern
Scilla tubergeniana
Liliengewächse (Liliaceae)

Sonnig–schattig
Beliebiger Boden
Februar–April

Heimat: Nordpersien
Bis 15 cm hoch werdendes Zwiebelgewächs. Einer der ersten Frühjahrsblüher. Die blaßblauen, dunkler gestreiften Blüten erscheinen als Knospen vor den Blättern und öffnen sich sofort. Die reichblütigen Trauben halten sehr lange.
Haltung: Eine entgegenkommende Pflanze, die überall im Steingarten wächst und auch sonst im Garten unter Sträuchern wertvoll ist. Den Platz kennzeichnen, da das Laub früh vergeht.
Vermehrung: Bildet selten Samen, aber die Zwiebeln vermehren sich gut; sie können ausgenommen und geteilt werden.
Bemerkung: Heißt jetzt offiziell *S. mischtschenkoana*, aber dieser Name wird kaum verwendet.
(Bild Seite 132)

Scharfer Mauerpfeffer
Sedum acre
Dickblattgewächse (Crassulaceae)

Sonnig
Trockener, sandiger Boden
Juni

Heimat: Europa, Asien
Niedriges (5–10 cm hoch), dichte Teppiche bildendes Dickblattgewächs. Unser heimischer Mauerpfeffer ist eine stark wuchernde Pflanze, die man am besten in den Ritzen alter Mauern beläßt, die seine gelben Trugdolden mit Farbe beleben. Die Sorte 'Aurea' ist ebenfalls recht kräftig, zeichnet sich aber zusätzlich durch die im Frühjahr goldgelben, zu anderen Zeiten gelblichgrünen Spitzen der belaubten Triebe aus.
Haltung: Ist nicht heikel in bezug auf Erde oder Standort, die Laubfärbung ist aber an einem sonnigen Platz am intensivsten. Eignet sich ausgezeichnet für den Alpenrasen und als Bodendecker über Zwiebeln.
Vermehrung: Unproblematisch; fast jedes abgebrochene Stück der Pflanze bewurzelt sich, und Teilung ist zu fast allen Jahreszeiten möglich.
(Bild Seite 132)

S

Spatelblättriger Mauerpfeffer
Sedum spathulifolium
Dickblattgewächse
(Crassulaceae)

Sonnig
Magerer, trockener Boden
Juni

Heimat: Westliches Nordamerika
Gute Polsterpflanze. Die fleischigen Rosetten mit ihren graugrünen Blättern bilden einen dichten Teppich, dem im Hochsommer flache, 5–8 cm breite gelbe Blütenstände auf 10 cm hohen Stielen entspringen. Die Sorte 'Cappa Blanca' vom Kap Blanco in Südoregon hat etwas kleinere, silbergraue Blätter; die äußerst reizvolle Pflanze verhält sich genau wie die Stammform. Zwei andere Sorten, 'Purpureum' mit größeren, purpurroten und 'Aureum' mit gelbgetönten, aber weniger kräftigen Blättern, sind auch im Umlauf.
Haltung: Bewohnt in der Heimat Felshänge in den trockeneren Gebieten am Fuß der Gebirge. Wuchert nicht stark, braucht aber Raum zur Ausbreitung.
Vermehrung: Leicht durch Teilung zu jeder Zeit. Wenn man größere Mengen braucht, topft man die Rosetten einzeln ein.
(Bild Seite 133)

Spinnweb-Hauswurz
Sempervivum arachnoideum
Dickblattgewächse
(Crassulaceae)

Sonnig
Beliebiger, gut durchlässiger Boden
Juli–August

Heimat: Alpen, Pyrenäen, Apennin
Hauswurzarten sind unempfindlich und eignen sich gut zur Bepflanzung einer größeren Fläche. *S. arachnoideum* ist nicht höher als 1–1,5 cm, bei bis zu 30 cm Durchmesser. Die 2–4 cm großen Rosetten sind kreuz und quer mit an Spinnweben erinnernden weißen Haaren überzogen. Im Hochsommer erscheint auf 15 cm hohem Stiel ein endständiger Blütenstand mit 2 cm breiten, hellrosenroten Blüten.
Haltung: Nicht gut zu ernähren – bei magerer Diät werden die Rosetten dicht und hart. In einer schattigen Ecke wächst die Pflanze zu sehr in die Höhe.
Vermehrung: Einfach eine Rosette abnehmen und in Sand setzen, wenn sie nicht schon ein Wurzelsystem besitzt.

✸ S

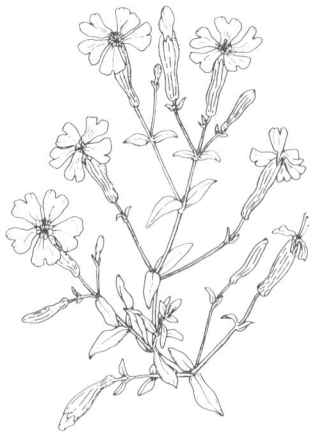 

Kaukasus-Leimkraut
Silene schafta
Nelkengewächse
(Caryophyllaceae)

Sonnig–halbschattig
Beliebiger, durchlässiger Boden
August–September

Heimat: Kaukasus
Bis 15 cm hoch werdende Staude. Mittelgrüne, lanzettliche Blätter bilden einen Tuff von bis zu 30 cm Durchmesser, aus dem lange Zeit hindurch, vom Hochsommer bis zum Frühherbst, rosen- bis karminrote Blüten auf 10–15 cm hohen Stielen entspringen.
Haltung: Sehr anpassungsfähige Pflanze, die an den meisten Standorten ihr Bestes gibt. Völlig unproblematisch und pflegeleicht.
Vermehrung: Recht schnell: Im Spätwinter säen, die Keimlinge im zeitigen Frühjahr eintopfen und im Frühsommer auspflanzen; oder im Hochsommer Stecklinge in den Sandkasten setzen und im Herbst auspflanzen.
(Bild Seite 134)

Binsenlilie
Sisyrhinchium bermudianum
Schwertliliengewächse
(Iridaceae)

Sonnig–schattig
Beliebiger, guter Gartenboden
Juni–Juli

Heimat: Nordamerika
Bis 20 cm hoch werdende Staude mit flachen, aufrechten, an Iris erinnernden Blättern; einige davon sind verkleidete Blütenstiele, die vom Frühsommer an endständige Blütenstände mit kleinen, samtigen blauen Blüten tragen.
Haltung: Pflegeleicht, wächst selbst an schattigen Stellen im Torfbeet. Sät sich stark aus, daher nicht an eine Stelle pflanzen, an der die Pflanzen zur Plage werden; sehr wertvoll an einem gepflasterten Platz, an dem die Samen in den Fugen keimen können. Eignet sich auch gut dazu, einer ebenen Fläche Höhe zu geben.
Vermehrung: Einfach die selbst ausgesäten Keimlinge eintopfen oder aber im Winter Samen aussäen. Im zeitigen Frühjahr oder Frühherbst ist Teilung möglich.
(Bild Seite 135)

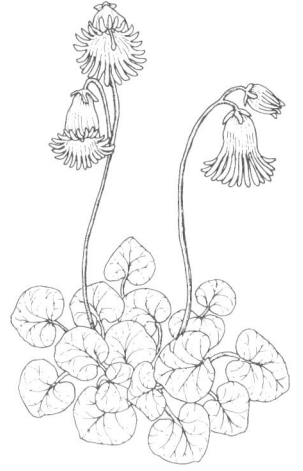

Alpen-Troddelblume, Echtes Alpenglöckchen
Soldanella alpina
Primelgewächse (Primulaceae)

Halbschattig
Lockerer Laubhumusboden
April–Mai

Heimat: Höhere Gebirge Mittel- und Südeuropas
5–10 cm hohe, polsterbildende Staude mit runden, nierenförmigen Blättern. An einem blattlosen Stiel hängen bis zu drei tief gefranste Blütenglöckchen, deren Farbskala von Blau über Lila bis Violett reicht.
Haltung: Schätzt einen feuchten, kühlen Standort im Torfgarten oder aber grusige Lauberde. Gilt als schwer zum Blühen zu bringen – vielleicht weil die Knospen sich sehr früh im Winter unter den Blättern bilden, wo man nicht sieht, wie sie von Schnecken verzehrt werden. Braucht Schutz vor winterlicher Nässe.
Vermehrung: Durch vorsichtige Teilung im Hochsommer; dabei darauf achten, daß jeder Teil etwas von der faserigen Wurzel mitbekommt. In grusige Lauberde pflanzen, die etwas Kalksteinsplitt enthält.

Zwerg-Goldrute
Solidago brachystachys
Korbblütler (Compositae)

Sonnig
Beliebiger, gut durchlässiger Boden
August–September

Heimat: Nordamerika
Goldrute, die sich aufgrund ihres niedrigen Wuchses gut für den Steingarten eignet. Sie bildet einen kleinen Horst, der im Frühherbst 15–20 cm hohe, lockere Rispen kleiner goldgelber Blüten trägt. Blüht zuverlässig.
Haltung: Gedeiht in jeder Erde – gute Entwässerung und pralle Sonne vorausgesetzt. Wuchert nicht, im Gegensatz zur Gemeinen Goldrute, darf aber nicht zu nahe bei anderen sich ausbreitenden Pflanzen stehen.
Vermehrung: Am besten durch Teilung im Frühjahr; gleich auspflanzen oder eintopfen. Im Januar gesäter Samen ist unzuverlässig, und selbst ausgesäte Keimlinge sind nicht sortenecht.
Bemerkung: Manche Fachleute halten diese Pflanze für eine Form von *S. virgaurea*, der bei uns wild wachsenden Gemeinen Goldrute. (Bild Seite 135)

※ S

Zwerg-Eberesche
Sorbus reducta
Rosengewächse (Rosaceae)

Sonnig–halbschattig
Beliebiger, gut durchlässiger Boden
Juli–August

Heimat: Südwestchina und Burma
Diese völlig winterharte Zwergebereesche treibt nur wenige Ausläufer und ist so bescheiden, daß sie sich sogar für den Zwergsteingarten eignet. Bildet einen kräftigen, langsam wachsenden Busch von 15–30 cm Höhe mit typischem Ebereschenlaub und im Hochsommer erscheinenden endständigen Doldenrispen mit 1 cm großen Blüten. Trägt im Herbst zahlreiche 5–7 mm große rosarote Beeren, während sich gleichzeitig die Blätter purpurrot färben – empfiehlt sich also aus mehreren Gründen.
Haltung: Möchte gut durchlässige Erde, ist aber sonst nicht heikel. Nichts in die Nähe pflanzen, was die vorsichtige Ausbreitung dieses Sträuchleins stören könnte.
Vermehrung: Entweder im Herbst durch Aussaat frischen Samens oder im Frühjahr durch vorsichtige Teilung.

Zwergflieder
Syringa meyeri
Ölbaumgewächse (Oleaceae)

Sonnig
Nahrhafter, schwerer Boden
Mai–Juni

Heimat: Nordchina
Abgebildet ist die Sorte 'Palibin', ein stark verzweigter Strauch, der zahlreiche zart duftende, lavendel- bis purpurfarbene Blütentrauben trägt. (Soll schließlich 1,5 m hoch und breit werden, aber der Autor hat noch kein Exemplar dieser Größe gesehen; seine Pflanze ist in 11 Jahren nur 1,20 m hoch und 1 m breit geworden.)
Haltung: Standort sonnig auf gutem, eher schwerem Boden. Braucht nicht beschnitten zu werden. Trotz des langsamen Wachstums etwas Platz zur Ausdehnung gönnen.
Vermehrung: Im Hochsommer von nichtblühenden Sprossen 7–10 cm lange Stecklinge mit Augen in einen Kasten mit Torf-Sand-Gemisch setzen; Besprühen kann hilfreich sein. Die bewurzelten Pflänzchen in Einheitserde umtopfen.
(Bild Seite 136)

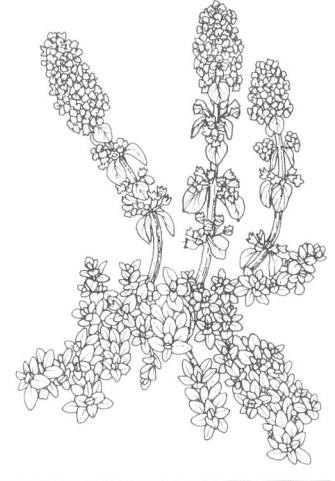

Pyrenäengamander
Teucrium pyrenaicum
Lippenblütler (Labiatae)

Sonnig
Leichter, gut durchlässiger Boden
Juli–August

Heimat: Pyrenäen
Kriechende, rasenbildende Pflanze mit krausen, wolligen, kurz gestielten, kreisrunden Blättern und weichbehaarten Stengeln. Trägt flache, ca. 2,5 cm breite Köpfchen mit eigenartigen blaßvioletten und rahmweißen Blüten. Niedrig, zur Blütezeit nur 5–8 cm hoch, bildet ein adrettes, ca. 30 cm breites Polster.
Haltung: Braucht einen sonnigen Standort mit gut durchlässiger, am liebsten leichter Erde. Grundsätzlich winterhart, kann aber bei besonders naßkaltem Winter eingehen. Eine Glasscheibe kann helfen, die Pflanze davor zu schützen.
Vermehrung: Durch Teilung im Frühjahr; bewurzelt, in Einheitserde getopfte Rosetten können nach 6–8 Wochen ausgepflanzt werden.
(Bild Seite 137)

Thymian
Thymus × 'Doone Valley'
Lippenblütler (Labiatae)

Sonnig
Beliebiger, gut durchlässiger Boden
Juli–September

Heimat: Hybride unbekannter Herkunft; der Echte Thymian *(T. vulgaris)* ist im westlichen Mittelmeerraum verbreitet.
Alle Thymian-Arten und -Sorten sind ideal für den Steingarten, müssen im Winter aber vor Frost geschützt werden. Die Sorte 'Doone Valley' ist besonders wertvoll wegen ihrer olivgrünen, goldgefleckten Blätter; sie trägt im Sommer auf 10 cm langen Stielen rundliche Köpfchen lavendelfarbener Blüten.
Haltung: Alle Thymiane lieben einen freien, sonnigen Standort und würden sich in stauender Nässe nicht wohl fühlen; in bezug auf den Boden sind sie nicht heikel. 'Doone Valley' verliert im Schatten die bunte Laubfärbung.
Vermehrung: Durch Teilung im Spätsommer; die kleinen Stücke eintopfen oder gleich auspflanzen.
(Bild Seite 136–137)

✻ T

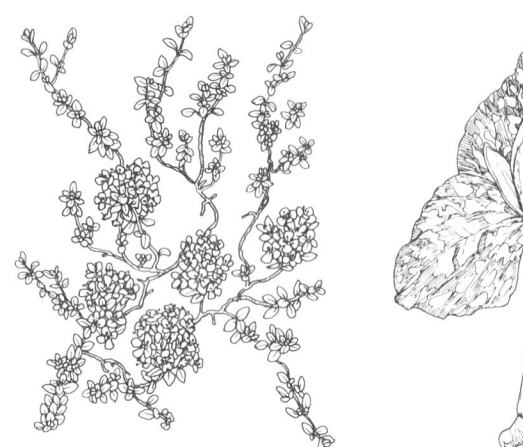

Feldthymian, Quendel
Thymus serpyllum
Lippenblütler (Labiatae)

Stengellose Waldlilie
Trillium sessile
Liliengewächse (Liliaceae)

Sonnig
Beliebiger, gut durchlässiger Boden
Juli–September

Schattig
Humoser Laubwaldboden
Mai

Heimat: Europa
Vorzüglich geeignet für einen Alpenrasen und als Bodendecker über Zwiebeln. Über dem flachen, nur 5–10 cm hohen Teppich aus dunkelgrünen, ovalen Blättern erheben sich im Sommer zahlreiche 1 cm große Blütenköpfchen, deren Farbskala von Rosa bis Rosenrot reicht. Es gibt mehrere benannte Sorten: 'Coccineum' eignet sich wegen des gedrungenen Wuchses für Zwergsteingärten, 'Silver Queen' hat silbern und grünes Laub, und für Liebhaber weißer Blüten gibt es 'Albus', dessen Laub auch blasser ist.
Haltung: An einem sonnigen Standort auf durchlässigem, trockenem Boden breitet sich die Pflanze relativ rasch aus, wenn man ihr genügend Platz zur Verfügung stellt.
Vermehrung: Durch Teilung im Frühjahr oder Herbst; die Teile eintopfen oder gleich auspflanzen.
(Bild Seite 138)

Heimat: Östliches und nordwestliches Nordamerika
Auf einem kräftigen, 30–40 cm hohen Stiel stehen drei breite, dunkelgrüne Blätter mit grauen Flecken, an deren Treffpunkt im Frühjahr eine ungestielte Blüte mit 3 grünen Blütenhüllblättern und 3 purpurroten Blütenblättern entspringt.
Haltung: Langlebig, wenn alle Bedingungen erfüllt sind: kühler, schattiger Standort, der nie austrocknen darf, und torfige oder Lauberde; akzeptiert aber auch schwerere Böden
Vermehrung: Durch Teilung im Spätsommer; beim Ausgraben darf der knollige Wurzelstock auf keinen Fall austrocknen. Gleich ins Freiland oder in Töpfe mit Lauberde pflanzen. Im Frühjahr kann man Samen in feine Lauberdemischung säen.
(Bild Seite 139)

T *

Chilenische Kapuzinerkresse
Tropaeolum polyphyllum
Kapuzinerkressengewächse (Tropaeolaceae)

Sonnig
Gut durchlässiger Boden
Juni–September

Heimat: Chile, Argentinien
Gedrungene Staude. Ein knolliger Wurzelstock bringt lange, kriechende Sprosse mit handförmigen grauen Blättern hervor. In den Blattachseln entspringen im Früh- und Hochsommer große sattgelbe Blüten ähnlich denen der bekannten Kapuzinerkresse. Nach der Blüte vergehen die oberirdischen Teile der Pflanze, um im nächsten Jahr – wahrscheinlich an einer ganz anderen Stelle – wiederzuerscheinen.
Haltung: Scheinbar schwer anzusiedeln, lohnt aber die Mühe. Das Geheimnis zum Erfolg liegt darin, die Knolle mindestens 30 cm tief zu pflanzen, an eine Stelle, an der ihre kriechenden Stengel sich ausbreiten und über einen Felsen oder eine Mauer hinabhängen können. Im Winter vor Frost und Nässe schützen.
Vermehrung: Knollen einfach nach Bedarf ausgraben.
(Bild Seite 139)

Wildtulpe
Tulipa greigii
Liliengewächse (Liliaceae)

Sonnig
Gut durchlässiger Boden
April–Mai

Heimat: Turkestan
Wildtulpen haben ihren eigenen Reiz. *T. greigii* hat leuchtend orange- bis scharlachrote, becherförmige, bis 15 cm große Blüten auf 20–25 cm hohem Stiel und graugrüne, bräunlichpurpurn geäderte Blätter. Sie ist die Stammutter vieler prächtiger Hybriden, die meist die gleiche aparte Blattäderung aufweisen.
Haltung: Mag keinen Schatten, liebt einen sonnigen, gut entwässernden Standort. Hält sich vielleicht ein paar Jahre, aber selten längere Zeit, wenn die Zwiebel nicht jedes Jahr nach der Blüte ausgehoben und gelagert wird. Gepflanzt wird wieder im Herbst. Auch Topfblumen benötigen die sommerliche Ruhezeit.
Vermehrung: Die Wildform kann durch Aussaat im Spätwinter vermehrt werden; sonst muß man sich auf die Bildung von Tochterzwiebeln verlassen.
(Bild Seite 140)

✳ T

Seerosen-Tulpe
Tulipa kaufmanniana
Liliengewächse (Liliaceae)

Sonnig
Gut durchlässiger Boden
März–April

Heimat: Turkestan
Zwiebelgewächs mit gedrungenem Wuchs. Bildet im zeitigen Frühjahr eine grundständige Rosette, aus der eine rahmgelbe, außen rosa überhauchte Blüte entspringt. Folgende Sorten werden empfohlen: 'The First', 15 cm hoch, mit karminroten, weiß, später elfenbeinweiß gerandeten Blüten; 'Stresa', 18 cm hoch, innen gelb mit einem blutroten Fleck am Grunde, außen rot überhaucht und gelb gerandet;
'Shakespeare', 12 cm hoch, reichblühend in einer Mischung aus lachsrosa, aprikosengelb und orange.
Haltung: Bevorzugen einen geschützten, sonnigen Standort und gut durchlässigen Boden. Zwiebeln nach der Blüte ausheben und trocken lagern. Im Herbst in den Boden legen.
Vermehrung: Stammform durch Aussaat im Spätwinter, Hybriden durch Tochterzwiebeln.

Garten-Tulpe
Tulipa × marjolettii
Liliengewächse (Liliaceae)

Sonnig
Gut durchlässiger Boden
Mai

Heimat: Gartenhybride aus Südfrankreich
Gartentulpe, die zwar mit 35–40 cm Höhe recht groß für den kleineren Steingarten ist, aber durch ihr Aussehen diesen »Fehler« wieder wettmacht. Sie hat graue Blätter und trägt im Spätfrühling zart schlüsselblumengelbe, außen leicht rot gefleckte Blüten.
Haltung: Bevorzugt einen sonnigen Standort und gut durchlässigen Boden. Nach der Blüte und dem Absterben der Blätter Zwiebeln aus dem Boden nehmen und bis zum Herbst trocken lagern. Im Herbst Zwiebeln in den Boden bringen. In kalten Wintern eventuell vor Nässe und Frost schützen.
Vermehrung: Durch Aufzucht von Tochterzwiebeln.
(Bild Seite 141)

Waldtulpe
Tulipa sylvestris
Liliengewächse (Liliaceae)

Sonnig–halbschattig
Sandig-lehmiger Boden
April–Mai

Heimat: Mittelmeerländer
Ca. 30 cm hohe Tulpe mit schmalen graugrünen Blättern und duftenden gelben Blüten, die voll geöffnet 6–8 cm breit sind. Nicht besonders reichblühend, eignet sich aber für Steingärten wie für Einfassungen und verwildert in Wiesen und im Waldland. Eine reicherblühende Form aus Nordiran wird unter dem Namen *T. s.* var. *tabriz* angeboten.
Haltung: Benötigt keinen sonnigen Standort und braucht nicht jedes Jahr ausgehoben zu werden. Vor übermäßiger Bodenfeuchtigkeit – vor allem im Winter – schützen.
Vermehrung: Durch Tochterzwiebeln oder durch Aussaat im Spätwinter. Wenn die Samen im ersten Jahr nicht keimen, läßt man die Töpfe noch einen Winter draußen, damit sie durchfrieren.
(Bild Seite 140)

Mehrblütige Tulpe
Tulipa tarda
Liliengewächse (Liliaceae)

Sonnig
Beliebiger, gut durchlässiger Boden
April–Mai

Heimat: Ost-Turkestan
Sehr schöne und pflegeleichte Tulpenart. Aus einer praktisch niederliegenden Rosette schmaler grüner Blätter entspringen im Spätfrühling 10–12 cm hohe Stiele mit bis zu 5 flachen, sternförmigen, hellgelben Blüten.
Haltung: Die Zwiebel braucht nicht jedes Jahr ausgehoben und gelagert zu werden, sondern kann während der Ruhezeit an Ort und Stelle übersommern. Gedeiht gut an einem sonnigen Platz.
Vermehrung: Durch Aussaat im Spätwinter oder durch Tochterzwiebeln, die nach der Blütezeit ausgehoben werden können.
(Bild Seite 142–143)

✲ U/V

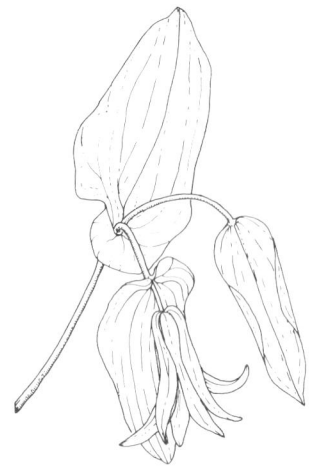 

Zöpfchenkraut
Uvularia perfoliata
Liliengewächse (Liliaceae)

Halbschattig–schattig
Humoser Boden
Mai

Heimat: Östliches Nordamerika
20–25 cm hohe, winterharte Pflanze.
Im Spätfrühling erscheint ein einzelner,
aufrechter, blaugrüner Stengel, der im
oberen Teil stielumfassende, länglich
herzförmige Blätter und zahlreiche
hängende, schlanke, glockenförmige,
blaßgelbe Blüten trägt, die einzeln oder
paarweise am Ende der Zweige
entspringen.
Haltung: Ideal für den schattigen Teil
des Stein- oder Torfgartens.
Vermehrung: Durch Teilung. Die
beste Zeit dafür ist im Sommer, wenn
die Teile in Töpfen mit Lauberde feucht
und schattig gehalten werden können.
Teilung ist auch in der Herbstmitte
möglich, kann aber zu größeren
Verlusten im Winter führen.
(Bild Seite 142)

Vancouverie
Vancouveria hexandra
Sauerdorngewächse
(Berberidaceae)

Halbschattig–schattig
Normaler Gartenboden
April–Mai

Heimat: Feuchte, schattige Wälder
Nordamerikas
Bis 40 cm hoch werdende Schattenstaude. Die herzförmigen, gewöhnlich
dreilappigen Blätter stehen auf
drahtigen Stengeln. Im Spätfrühling
erscheinen Rispen weißer Blüten auf
23 cm langen Stielen. Im zeitigen
Frühjahr ausgezeichneter Bodendek-
ker über kleinen Knollengewächsen,
z. B. Buschwindröschen.
Haltung: Gehört in den schattigen Teil
des Stein- oder Torfgartens, wo sie
sich leicht durch die Lauberde arbeiten
kann. Verträgt aber auch normalen
Gartenboden. Den Platz bezeichnen,
wo sie wächst.
Vermehrung: Durch Teilung im
Frühjahr; gleich auspflanzen oder in
Töpfe mit Lauberde setzen, die in
einen schattierten Kasten gestellt
werden müssen.

 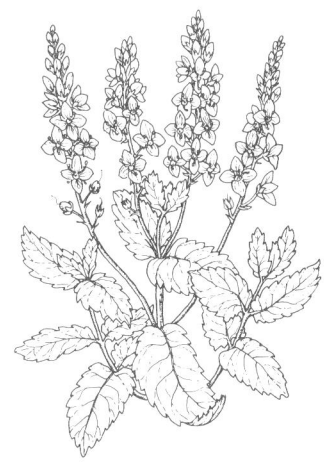

Maiteppichveronika
Veronica prostrata
Braunwurzgewächse
(Scrophulariaceae)

Sonnig
Beliebiger, trockener Boden
Mai–Juni

Heimat: Europa bis Nordasien
10–15 cm hoch werdender Ehrenpreis, der einen bis 45 cm breiten Teppich aus mittelgrünen Blättern bildet und endständige Trauben kleiner tiefblauer Blüten hervorbringt. Es gibt mehrere benannte Sorten: 'Spode Blue' (klar blaßblau), 'Rosea' (rosa), 'Alba' (weiß).
Haltung: Bevorzugt einen sonnigen Standort auf trockenem, gut durchlässigem Boden.
Vermehrung: Sehr leicht. Vom Hochsommer bis Frühherbst kann man zarte Stecklinge in den Samenkasten setzen und im Torf überwintern. Man kann auch 10 cm lange Stecklinge mit etwas altem Holz daran einfach in die Erde stecken und bewurzeln lassen.
(Bild Seite 143)

Großer Ehrenpreis
Veronica teucrium
Braunwurzgewächse
(Scrophulariaceae)

Sonnig
Gut durchlässiger, kalkhaltiger Boden
Mai–Juli

Heimat: Mittel- und Südeuropa
Die Stammform ist eine schöne, 15–50 cm hohe Pflanze mit krauser Behaarung. Aus einem Busch dunkelgrüner Blätter entspringen im Sommer dichte Trauben himmelblauer Blüten. Für den Steingarten sind die niedrigeren Formen interessant. Bei der Sorte 'Trehane' ist das Laub goldgelb und sticht hübsch von den blauen Blüten ab. Sie ist nicht so robust wie die Stammform und wird nicht viel breiter als 20–25 cm.
Haltung: An einem schattigen Standort verliert diese Sorte bald die gelbe Laubfärbung.
Vermehrung: Durch Stecklinge aller Art, vom Hoch- bis zum Spätsommer; nach Bewurzelung eintopfen und im ungeheizten Kasten überwintern.
(Bild Seite 144)

✲ V/W

Königskerze
Verbascum × 'Letitia'
Braunwurzgewächse
(Scrophulariaceae)

Sonnig
Sandiger, gut durchlässiger Boden
Juli–August

Heimat: Eine Anfang der sechziger Jahre in den Gärten der Royal Horticultural Society in Wisley (Südengland) entdeckte Hybride aus *V. dumulosum* und *V. spinosum*. 20–40 cm hohe, strauchige Steingartenpflanze. Die samtigen graugrünen Blätter bilden einen krautigen Busch von bis zu 40 cm Höhe. Die zahlreichen Stengel tragen im Hochsommer viele endständige Rispen klargelber, 2,5 cm großer Blüten, mit denen die Pflanze über und über bedeckt ist.
Haltung: Gedeiht am besten in sandiger, gut durchlässiger Erde an einem luftigen Standort in praller Sonne, notfalls teilweise im Schutz von Felsen. Eignet sich ausgezeichnet für das Alpinum-Haus.
Vermehrung: Am besten durch Wurzelstecklinge.
(Bild Seite 144)

Golderdbeere, Waldsteinie
Waldsteinia fragarioides
Rosengewächse (Rosaceae)

Halbschattig–schattig
Lockerer Laubhumusboden
April–Mai

Heimat: Osten der Vereinigten Staaten Kriechendes Kraut, in Aussehen und Verhalten erdbeerähnlich. Die kriechenden Sprosse tragen dunkelgrüne, gezähnte, dreilappige Blätter und 1 cm breite goldgelbe Blüten. Breitet sich etwas aus, mischt sich aber ganz unaufdringlich unter die anderen Pflanzen, ohne ihnen zu schaden.
Haltung: Fühlt sich in lockerem Laubhumusboden am wohlsten. Braucht Platz zum Ausbreiten, ist aber ganz leicht in Schranken zu halten. Kann von robusten Pflanzen überwuchert werden.
Vermehrung: Kann im Spätsommer geteilt werden, indem man bewurzelte Sprosse am Rande des Teppichs abnimmt und in Einheitserde pflanzt. Samen kann im Frühjahr gesät werden. Die jungen Pflänzchen müssen schattiert werden.

Register

Die halbfett gesetzten Seitenzahlen verweisen auf Abbildungen.

Acaena buchananii **12**, 17
Achillea tomentosa **13**, 17
Aethionema × *warleyense* **12**, 18
Akelei 23
Alchemilla vulgaris 18
Allium narcissiflorum **13**, 19
Alpenbalsam **46, 47**, 55
Alpen-Gemskresse 84
Alpennelke **42**, 50
Alpen-Pechnelke 93
Alpen-Troddelblume 149
Alpenveilchen 32, **40**, 49
Alyssum saxatile 'Citrinum' **14**, 19
– 'Dudley Neville' **15**, 20
Anacyclus depressus 20
Andromeda polifolia 21
Androsace primuloides **14**, 21
Anemone blanda **16**, 22
Antennaria dioica **16**, 22
Anthyllis montana 23, **33**
Aquilegia discolor 23
Arabis ferdinandi-coburgii 24
Arenaria balearica 24, **33**
Arisarum 25
Arisarum proboscideum 25
Armeria juniperifolia 25, **34, 35**
– *maritima* 26, **34**
Artemisia stelleriana 26, **35**
Astilbe chinensis var. *pumila* 27, **36**
Atlas-Margerite 20
Aubrieta-Hybriden 27, **37**
Azorella 28, **37**
Azorella trifurcata 28, **37**

Bäumchen-Weide **112**, 126
Bartfaden **100, 101**, 114
Becherglocke **44**, 53
Beifuß 26, **35**
Berg-Wundklee 23, **33**
Besenginster **41**, 49
Binsenlilie **135**, 148
Bitterwurz **80**, 90
Blasse Schachbrettblume 58, **66**
Blaukissen 27, **37**
Blutwurz, 126, **129**
Brodiae **77**, 86
Buschblättrige Kreuzblume **102**, 116
Büschelglocke **44**, 53

Campanula cochlearifolia 28, **38**
– *poscharskyana* 29
Cassiope lycopodioides 29
Ceratostigma 30, **38**
Ceratostigma plumbaginoides 30, **38**
Chilenische Kapuzinerkresse **139**, 153
Chinesische Prachtspiere 27, **36**

Chionodoxa luciliae 30, **39**
Convolvulus mauritanicus 31, **39**
Corydalis cheilanthifolia 31
Crocus speciosus 32
Cyclamen coum 32
– *hederifolium* **40**, 49
Cytisus × *beanii* **41**, 49

Dalmatiner-Storchschnabel 62, **70**
Daphne cneorum **40, 41**, 50
Dianthus alpinus **42**, 50
– *deltoides* 51
Diascia cordata **42**, 51
Diascie **42**, 51
Dodecatheon meadia **43**, 52
Dryas octopetala **44**, 52

Echte Küchenschelle 121
Echtes Alpenglöckchen 149
Edelweiß **78, 79**, 90
Edraianthus pumilio **44**, 53
Elfenblume **45**, 53
Epimedium alpinum **45**, 53
Eranthis hyemalis **45**, 54
Erigeron mucronatus **46**, 54
Erinus alpinus **46, 47**, 55
Erysium pumilum **47**, 55
Erythronium revolutum **48**, 56
Euphorbia myrsinites 56
Euryops **48**, 57
Euryops acraeus **48**, 57

Feigwurz 108, 109, 122
Feldthymian **138**, 152
Felsensteinkraut **14, 15**, 19, 20
Felsen-Steinkresse **12**, 18
Felsenteller **108**, 122
Fettblatt-Steinbrech **130, 131**, 145
Filzige Schafgarbe **13**, 17
Flügelginster 59, **67**
Frauenmantel 18
Fritillaria meleagris 57, **65**
Frühlingsenzian 61
Frühlings-Nabelnuß 96

Gänsekresse 24
Gartenprimel **106**, 119
Garten-Tulpe **141**, 154
Gebirgsnelkenwurz 63
Gedenkemein 96
Gefleckte Taubnessel **78**, 88
Gelbe Gauklerblume 94, **98**
Gemeine Grasnelke 26, **34**
Gemeiner Wacholder 88
Gemeines Katzenpfötchen **16**, 22
Genista pilosa 59, **66**
– *sagittalis* 59, **67**
Gentiana acaulis 60, **68**
– *septemfida* 60, **69**

– *sino-ornata* 61, **69**
– *verna* 61
Geranium cinereum 62, **69**
– *dalmaticum* 62, **70**
Geum montanum 63
Glanzstrauch **103**, 115
Götterblume **43**, 52
Golderdbeere 158
Grasblättriger Hahnenfuß **109**, 123
Großer Ehrenpreis **144**, 157
Gypsophila repens 63, **71**

Haberlea 64
Haberlea ferdinandi – coburgii 64
Hacquetia epipactis 64, **71**
Hängepolsterglocke 29
Hebe armstrongii 81
– *vernicosa* **72**, 81
Heidenelke 51
Helianthemum nummularium **72**, 82
Helichrysum bellidioides **73** 82
Hepatica transsylvanica 83
Herbstenzian 61, **69**
Herbstkrokus 32
Himalaya-Mannsschild **14**, 21
Hohe Windastilbe 27, **36**
Houttuynia cordata **73**, 83
Houttuynie **73**, 83
Hundszahn **48**, 56
Hutchinsia alpina 84
Hypericum olympicum **74**, 84

Iberis sempervirens **75**, 85
Immergrüne Schleifenblume **75**, 85
Immortelle **73**, 82
Ipheion uniflorum **77**, 85
Iris **76, 77**, 86, 87
Iris cristata **76**, 86
– *douglasiana* **76**, 86
– *innominata* **77**, 87
– *reticulata* 87
Johanniskraut **74**, 84
Juniperus communis 88

Kanadische Flammenblume **102**, 114
Kaukasus-Blaustern **132**, 146
Kaukasus-Leimkraut **134**, 148
Kleine Glockenblume 28, **38**
Knöterich **104, 105**, 117
Königskerze **144**, 158
Kranz-Enzian 60, **69**
Kriechendes Schleierkraut 63, **71**
Kugelprimel **106**, 118

Lamium maculatum **78**, 88
Lavandula stoechas **79**, 89
Lavendelheide 21
Leberblümchen 83
Lein **80**, 91

159

Leiophyllum buxifolium 89
Leontopodium alpinum **78, 79**, 90
Lerchensporn 31
Lewisia cotyledon **80**, 90
Linnea borealis 91
Linum narbonense **80**, 91
Lithodora diffusa 92, **97**
Lithophragma parviflora 92, **97**
Löffel-Steinbrech 128, **130**
Lychnis alpina 93
Lysimachia nummularia 93

Maiteppichveronika **143**, 157
Markisenblume **80**, 90
Mauritanische Winde 31, **39**
Mehrblütige Tulpe **142, 143**, 155
Mexikanisches Berufskraut **46**, 54
Missouri-Nachtkerze 95, **99**
Moosglöckchen 91
Moosphlox **103**, 115
Moschus-Steinbrech 128

Nabelnuß, Frühlings- 96
Narcissus bulbocodium 94, **99**
– *cyclamineus* 95, **98**
Narzissenblütiger Lauch **13**, 19
Neapolitaner Erdscheibe **40**, 49

Oenothera missouriensis 95, **99**
Omphalodes verna 96
Orchideenprimel **107**, 120
Osterglocke 95, **98**
Ourisia coccinea 96
Ourisie 96
Oxalis adenophylla **100**, 113

Parahebe **101**, 113
Parahebe catarractae **101**, 113
Penstemon **100, 101**, 114
Penstemon newberryi **100, 101**, 114
Pfennigkraut 93
Phlox **102**, 114
Phlox × 'Chattahoochee' **102**, 114
– *subulata* **103**, 115
Pimelea coarctata **103**, 115
Pleione 116
Pleione formosana 116
Polsterphlox **103**, 115
Polstersteinbrech 127
Polygala chamaebuxus **102**, 116
Polygonum affine **104**, 117
– *vaccinifolium* **105**, 117
Porzellanblümchen **131**, 145
Potentilla crantzii **105**, 118
Primel 119
Primula denticulata **106**, 118
– *frondosa* 119
– *juliae* **106**, 119

– *sieboldii* 120
– *viallii* **107**, 120
Ptilotrichum **107**, 121
– *spinosum* **107**, 121
Pulsatilla vulgaris 121
Pyrenäengamander **137**, 151

Quendel **138**, 152

Ramonda myconi **108**, 122
Ranunculus ficaria **108, 109**, 122
– *gramineus* **109**, 123
Raoulia australis 123
Raoulie 123
Reifrocknarzisse 94, **99**
Rhododendron impeditum **110**, 124
Rhodohypoxis **111**, 124
Rhodohypoxis baurii **111**, 124
Roscoea **110**, 125
Roscoea cautleoides **110**, 125
Rosmarinheide 21
Rosmarin-Seidelbast **40, 41**, 50
Rotes Seifenkraut 127, **129**

Sagina subulata 'Aurea' **112**, 125
Salix arbuscula **112**, 126
Sandginster 59, **66**
Sandkraut, 24, **33**
Sandmyrte 89
Sanguinaria canadensis 126, **129**
Saponaria ocymoides 127, **129**
Sauerklee **100**, 113
Saxifraga burseriana 127
– *cochlearis* 128, **130**
– *cotyledon* **130, 131**, 145
– *moschata* 128
– *umbrosa* **131**, 145
Schachbrettblume 57, **65**
Schaftdolde 64, **71**
Scharfer Mauerpfeffer **132**, 146
Scharbockskraut **108, 109**, 122
Schneestolz 30, **39**,
Schopf-Lavendel **79**, 89
Schotendotter **47**, 55
Schuppenheide 29
Schwertlilie **76, 77**, 86, 87
Scilla tubergeniana **132**, 146
Sedum acre **132**, 146
– *spathulifolium* **133**, 147
Seerosen-Tulpe 154
Sempervivum arachnoideum 147
Siebolds-Primel 120
Silberwurz **44**, 52
Silene schafta **134**, 148
Sisyrinchium bermudianum **135**, 148
Soldanella alpina 149
Solidago brachystachys **135**, 149
Sonnenröschen **72**, 82
Sorbus reducta 150

Spatelblättriger Mauerpfeffer **133**, 147
Spinnweb-Hauswurz 147
Stachelnüßchen **12**, 17
Steinbrech, Fettblatt- **130, 131**, 145
–, Löffel- 128, **130**
–, Moschus- 128
Steinsame 92, **97**
Steintäschel **12**, 18
Stengelloser Enzian 60, **68**
Stengellose Waldlilie **139**, 152
Sternmoos **112**, 125
Storchschnabel 62, **69**
Strahlenanemone **16**, 22
Strauchveronika **72**, 81
Strohblume **73**, 82
Syringa meyeri **136**, 150

Teucrium pyrenaicum **137**, 151
Thymian **136, 137**, 151
Thymus × 'Doone Valley' **136, 137**, 151
– *serpyllum* **138**, 152
Trillium sessile **139**, 152
Trompeten-Narzisse 95, **98**
Tropaeolum polyphyllum **139**, 153
Tulipa greigii **140**, 153
– *kaufmanniana* 154
– *marjolettii* **141**, 154
– *sylvestris* **141**, 155
– *tarda* **142, 143**, 155
Tulpe, Garten- **141**, 154
–, Mehrblütige **142, 143**, 155
–, Seerosen- 154

Uvularia perfoliata **142**, 156

Vancouveria hexandra 156
Vancouverie 156
Verbascum × 'Letitia' **144**, 158
Veronica prostrata **143**, 157
– *teucrium* **144**, 157

Waldsteinia fragarioides 158
Waldsteinie 158
Waldtulpe **140**, 155
Walzen-Wolfsmilch 56
Wildtulpe **140**, 153
Winterling **45**, 54

Zahnlilie **48**, 56
Zöpfchenkraut **142**, 156
Zottiges Fingerkraut **105**, 118
Zwergbuchs **102**, 116
Zwerg-Eberesche 150
Zwergflieder **136**, 150
Zwerg-Goldrute **135**, 149
Zwerg-Grasnelke 25, **34, 35**
Zwergiris **78**, 86
Zwergrhododendron **110**, 124
Zwergschöterich **47**, 55